INTRODUCCIÓN A LA
ASTROLOGÍA CHINA

LUDOVICA SQUIRRU DARI

INTRODUCCIÓN A LA
ASTROLOGÍA CHINA

© Claudio Herdener

Conoce tu signo
personalidad • salud • dinero • amor

EDICIONES KEPLER
Argentina – Chile – Colombia – España
Estados Unidos – México – Perú – Uruguay – Venezuela

1.ª edición Marzo 2015

FOTOS Y ARTE DIGITAL INTERIOR
Claudio Herdener / gatophoto@gmail.com / www.gatophoto.blogspot.com

ARTE INTERIOR: Marisa Corgatelli

Copyright © 2015 *by* Ludovica Squirru Dari
All Rights Reserved
© 2015 *by* Ediciones Urano, S.A.
Aribau, 142, pral. – 08036 Barcelona
www.edicioneskepler.com
info@edicioneskepler.com

ISBN: 978-84-16344-00-0
E-ISBN: 978-84-9944-828-2
Depósito legal: B-2.522-2015

Fotocomposición: Ediciones Urano, S.A.
Impreso por: Rodesa, S.A. – Polígono Industrial San Miguel – Parcelas E7-E8
31132 Villatuerta (Navarra)

Impreso en España – *Printed in Spain*

A la vocación, musa inspiradora
de mi Tao que nunca me abandona
y es alimentada por el zoológico humano
que estimula y confía en mis conexiones cósmicas.
Y a las nuevas generaciones
que siguen descubriendo el Tao
y renuevan mi inspiración.

L. S. D.

Índice

Prólogo

Hace treinta años escribí –mitad por destino familiar y mitad por causalidad– mi primer libro de horóscopo chino.

Fui educada como una china en la Argentina, debido a que mi padre, Eduardo Squirru, tuvo la visión de embarcarse al Lejano Oriente por curiosidad, como un desafío de joven intrépido, integrando el cuerpo diplomático de la primera embajada argentina en Shangai, en el año 1945.

Su vida en China, entre la transición de Chiang Kai-shek y Mao Tse-tung, lo inspiró y transformó desde la dermis hasta su amor por esta cultura milenaria a la que estudió profundamente. Aprendió el idioma chino y se recibió de abogado en Beijing.

Mi admiración y atracción por China vienen desde que me gestaron en ese espermatozoide y óvulo que me marcó el ADN.

Mi vocación literaria se unió a los primeros conocimientos transmitidos por mi padre sobre China y me provocó una fascinación desde la niñez hasta la fecha.

Las obras de Lao-Tsé, Buda, los poetas de las dinastías Ming y Tang se recitaban en nuestra casa, y crecer en ese ambiente acentuó aun más mi curiosidad por sumergirme en su milenaria cultura.

Después de terminar el secundario decidí estudiar filosofía oriental en Buenos Aires, en el Instituto Dharma, y me especialicé en I Ching, dharma, chi kung y taichí.

Mi carrera apuntaba hacia el teatro, la televisión, el cine, pero siempre me sentí más cómoda escribiendo mis guiones que transmitiendo los de otros autores.

Tuve la gran oportunidad en el año 1982, cuando en un programa dominical de entretenimientos representé a una gitana que adivinaba quién sería el invitado del día.

Era el programa *Los retratos de Andrés*, conducido por el

periodista Andrés Percivalle. Fue un *boom* y allí por primera vez apliqué el horóscopo chino en mi *script* (guion).

Y aparecieron las revistas del espectáculo para invitarme a escribir en ellas.

Después, un visionario editor me propuso escribir el primer libro de horóscopo chino, en el año 1984.

Me animé, y desde entonces, hace treinta años, continúo anualmente descifrando este legado chino que ya es parte de nuestra cultura popular en Argentina y Latinoamérica.

A partir de ese momento sentí la obligación de ir a China a estudiar, viajar y celebrar el mítico Año del Dragón en 1988.

Así fue, y luego de ese viaje uní en un libro el relato de mi padre en China y el mío, con el amor hacia esta cultura que nos influenció holísticamente.

Y esos hábitos y costumbres los sigo practicando en mi vida cotidiana.

Estudié con Juan Flesca, un sinólogo experto en I Ching, que fue coautor de varios libros de horóscopo chino.

En Latinoamérica se abrió un gran angular con esta sabiduría milenaria que fui introduciendo en los medios gráficos y audiovisuales.

Cada libro, desde el año 1984 hasta la fecha, fue *best seller*.

Su edición ha ido creciendo año a año, década a década hasta llegar a la era Urano.

Con el libro he viajado como Marco Polo, he conocido países, culturas, maestros, y a mis lectores, que cada *fin de año* esperan el libro como el maná.

En todos estos años estudié, integré especialistas en cada sección de salud, medicina, profecías, y siempre escribí mis libros con gran entusiasmo, considerando que soy una combinación de escritora, poetisa, sinóloga, y tengo un estilo coloquial y entretenido para llegar al público. Crecí en mi vida personal como en universos paralelos a mi tarea, cuyo fruto es esperado con ansiedad y cariño por mis lectores.

Soy mono de fuego, y por eso me encantan los desafíos.

Dentro de las etapas o kalpas que atravesamos los escritores cada año, o en décadas, sufrimos alguna crisis.

Como la gratitud es una virtud que cultivo y practico, despedí un ciclo de un katún (veinte años) con una editorial que se sumergió en las profundidades del mar como la Atlántida y me dejé influenciar por el planeta Urano que rige mi Casa Uno y está en plena revolución zodiacal.

Ustedes, mi querido zoo, nunca imaginan lo que hay entre bambalinas de la publicación de un libro, y la cocina de quienes somos parte de los condimentos y la cocción.

Algún mago, duende o hada hará posible que lo encuentren en kioscos, librerías, góndolas o sitios web.

A veces también olvidados en algún bar, tren, bote a la deriva o naufragio.

Allí estoy, abierta a que me lean con curiosidad, cariño e interés.

Espero que esta nueva sucursal planetaria nos reencuentre con entusiasmo y adoptemos nuevos animales en nuestro TAO.

L. S. D.

Introducción
a la Astrología china

El Horóscopo chino necesitaba en América una pitonisa.
El aguijón se insertó en mi corazón y me poseyó una luz
interior.
Encendí las luces que tenía apagadas
y como grullas avivaron mi destino;
dialogué con mis animales interiores
y los presenté en la sociedad de consumo.
Agradecí a Buda la genial idea de la
convocatoria zoológica, y admiré la inspiración
de los que se apersonaron.
¡Humanos!, somos animales, aunque cueste creerlo;
llenos de defectos y virtudes para intercambiarnos.
Busquemos el instinto, tan estropeado
por las trábex que nos enchufaron;
¡abramos compuertas, corramos praderas hasta agotarnos!
¡Aullemos como gatos, ladremos como perros,
gocemos como cerdos!
Galopemos como caballos, riñamos como gallos,
enrosquémonos como serpientes,
amarroquemos como ratas.
Seamos pacientes como el búfalo,
inmortales como el dragón,
originales como el mono,

caprichosos como la cabra
y audaces como el tigre.
¡¡¡PERO QUE SEA HOY!!!
En tu año hacé lo que se te antoje,
que no te va a fallar el radar, ni el horóscopo.
Cuando no sepas controlar tus impulsos primitivos,
no los reprimas... ellos saben más que vos;
cuando tengas deseos inconfesables, delirate,
desbordate y... elevate a pleno sol.
Cuando alguien te rechace, acercate.
Recurrí a las artimañas de tu animal,
y no lo dudes: lo empaquetarás.
Hay tantos ingredientes para que seas particular
en el credo lunar: el año de tu nacimiento,
la hora, que será tu ascendente, el *yin* y el *yang*
y tu propia energía que puede ser metal, fuego, madera,
agua o tierra, según la creencia oriental.
Veo un cielo atípicamente claro
en mi Buenos Aires natal;
pronto aparecerán estrellas, una me espiará;
con ella tendré afinidad y hasta saldré a bailar.
Con el resto del firmamento, podré coquetear.

L. S. D.

ORIGEN DE LA ASTROLOGÍA CHINA

La astrología está considerada en China una de las cinco artes más antiguas de adivinación, y la más importante. En su origen milenario la astronomía y la astrología fueron gemelas; no había distinción entre ellas. Los astrónomos observaban las estrellas y su orden en el cosmos para predecir qué pasaría en la Tierra y con la humanidad. Desde sus inicios hasta el presente siglo los astrónomos/astrólogos fueron funcionarios oficiales en la Corte Imperial. Sus estudios y observaciones realizados durante 3000 años son los documentos astronómicos más importantes del mundo. Aún hoy la astrología es parte fundamental de la vida de los chinos y la consultan a diario.

El almanaque chino se llama T'ung Shu. Rige la vida día a día en los aspectos positivos y negativos de la salud, el dinero, el amor y los negocios.

El origen de este calendario data del año 2256 a. C. y ha sido adjudicado al emperador Yao y a sus hermanos Hsis y Ho. Está basado en el tiempo de la siembra y de la cosecha y en los movimientos del vasto espacio y cálculos de la trayectoria del Sol, la Luna y las estrellas.

El enfoque de estas ciencias cambió a través de los años; en su comienzo la astrología servía para saber qué pasaba en un Estado o las reglas de ese Estado. No era una ciencia de adivinación para saber el destino de la gente.

La astrología como ciencia adivinatoria comenzó a aplicarse en la era cristiana. En el año 100 empezó a escribirse la enciclopedia astrológica más completa, que se fusionaba con el arte de esa época de la dinastía T'ang (618 a 907 d. C.) y que, desde entonces, es una tradición en China.

Por eso, la científica y holística visión china de la astrología se basa fundamentalmente en los doce animales, las ramas celestes y terrestres, los 60 años del ciclo y la estrella polar.

EL CICLO DE 60 AÑOS

Hay varias leyendas y mitos sobre cómo se formó este horóscopo. La más popular se le adjudica a Buda, quien antes de partir hacia su última reencarnación decidió formar un zodíaco y convocó a todos los animales que existen en la naturaleza para que se presentaran, prometiéndoles un signo a cada uno, según el orden de llegada.

Aparecieron solo doce: la rata, el búfalo, el tigre, el conejo, el dragón, la serpiente, el caballo, la cabra, el mono, el gallo, el perro y el cerdo.

Otras leyendas adjudican la creación de este ciclo al semimitológico y semihistórico Emperador Amarillo, quien en el año 2637 a. C. formó el zodíaco. Pero estos datos son inciertos, pues tal vez ya se lo conocía desde épocas más remotas.

Me parece divertido contarles esta versión del Rey de Jade, que estaba aburridísimo en el cielo pues no tenía nada que hacer rodeado de ayudantes y sirvientes. «He gobernado durante milenios, y no conozco los animales que están en la Tierra. ¿Cómo son?», le preguntó un día a su ayudante más cercano. Este le respondió que había muchos animales en la Tierra, y le preguntó al rey si le interesaba conocerlos. El monarca respondió: «¡Ah, no! Perdería mucho tiempo conociéndolos a todos. Selecciona tú los doce más interesantes y que se presenten ante mí mañana a las seis de la mañana».

El consejero pensó mucho y largo tiempo sobre qué animales podrían complacer al emperador. Primero pensó en invitar a la rata, y le pidió a ella que invitara al gato. Luego invitó al búfalo, al tigre, al conejo, al dragón, a la serpiente, al caballo, a la cabra, al mono, al gallo y al perro. Los citó al palacio imperial para el día siguiente.

La rata estaba demasiado orgullosa con ser la primera en visitar al rey, y se olvidó de avisarle al gato. A la mañana siguiente los once animales estuvieron alineados delante del Rey de Jade, quien, al notar que faltaba uno, dijo: «Son todos muy interesantes, pero ¿por qué hay solo once?». El consejero no supo responder y, temeroso de que el rey pensara que no había obedecido su orden, le pidió a un sirviente que fuera urgente a la Tierra, tomara el primer animal que encontrara y lo llevara al cielo. Al llegar a la Tierra, el sirviente vio a un hombre que cargaba un cerdo; tomó el animal y lo llevó con los otros.

El gato se despertó tarde y fue a curiosear, y al darse cuenta de que la rata no lo había invitado comenzó la guerra que aún perdura...

Esta versión, tan popular y antigua como otras, tiene gran significado en China, y describe las características esenciales de cada animal.

En Vietnam, al signo conejo se lo denomina gato.

El ciclo de los 60 años está formado por la combinación de las ramas celestes y las terrestres. Las diez progresiones de orden celestial, basadas en la naturaleza de la energía y el principio constitucional de cada signo (*yang* y *yin*) crean nuestro orden espiritual, mental y emocional; las doce ramas del orden terrenal crean nuestro orden físico, material y social. Combinados cielo y tierra originan ciento veinte posibles condiciones atmosféricas determinadas por los años, meses, días y horas.

Estos estudios dieron origen a la astrología macrobiótica. La influencia terrestre más la influencia celeste producen la atmósfera: las diez progresiones de energía activa más las doce ramas terrenales de energía pasiva producen nueve cargas de energía o destino.

En el antiguo Oriente este tercer método fue llamado Ki Nueve Estrellas. Cada una de las energías correspondientes a cada año es mayor o menor; esto significa que dentro de cada energía hay un principio *yang* y otro *yin*; el mayor corresponde al *yang* y el menor al *yin*. La combinación de los 10 Kan, que son las energías a las que pertenecemos, más los 12 Shin −nuestros signos−, según el año de nacimiento, determinarán el Ki Nueve Estrellas, que es de gran importancia en nuestro destino.

El transcurso de cinco ciclos de los doce signos (según las cinco energías: madera, fuego, tierra, metal y agua) constituye un ciclo completo de 60 años. En China se considera que 60 años constituyen un siglo y que quien llega a esa instancia está en condiciones de alcanzar la sabiduría por haber recorrido todas las energías a lo largo de su vida.

El origen del ciclo de los 60 años fue descripto en el *Sbu Ging*, o *El Libro Histórico de Documentos*, alrededor del año 1000 a. C., y el sistema de las ramas celestes (*yang*) y las terrestres (*yin*) ya era aceptado.

El calendario chino está basado en el año lunar, a diferencia del calendario occidental, basado en el año solar. Los años solares y lunares no coinciden exactamente: el año lunar consta de doce meses de 29 días y medio cada uno. Por eso el calendario chino se divide en «seis pequeños meses de 29 días, y seis grandes meses de 30 días». Esto produce un año de 354 días; un año con «siete grandes meses y cinco pequeños meses» tiene 355 días; y un año con «cinco grandes meses y siete pequeños meses» tiene 353 días. En consecuencia, el año lunar es más corto que el solar en 10, 11 ó 12 días. Para que coincidan ambos años (solar y lunar) es necesario que al almanaque chino se le agregue un mes extra cada dos o tres años.

La carta natal de la astrología china se obtiene según datos precisos del día, mes, año, lugar, hora y país donde se nace. Su estudio es una de las más completas radiografías que pueden sacarse del alma, cuerpo y mente de un ser humano.

Como veremos, hay varios ingredientes que tienen gran importancia en la astrología china, por ejemplo el énfasis en la Luna, determinado por las 28 casas lunares y su influencia sobre las personas y los sucesos. Las casas lunares o Hsiu se refieren a cada una de las 28 constelaciones del zodíaco lunar y a los segmentos del cielo que contienen esas constelaciones.

Las constelaciones equivalen al ciclo de la luna en el cielo. La importancia de las casas lunares radica en la práctica de la observación. Según el día y la hora de nuestro nacimiento, la luna estaba en una casa determinada que será clave en nuestra vida.

Para estudiarnos, es necesario combinar los signos animales con las cinco energías del credo lunar, que son:

La madera: regida por Júpiter.
El fuego: regido por Marte.
La tierra: regida por Saturno.
El metal: bajo la influencia directa de Venus.
El agua: obedece los dictados de Mercurio.

Estas energías se escinden además en polos magnéticos, positivo y negativo, que los chinos llaman *yang* y *yin*, respectivamente.

En el horóscopo chino, igual que en el occidental, tendremos un ascendente según la hora exacta de nuestro nacimiento (para conocer el ascendente de una persona consultar «Los doce signos y sus horas» en página 24). En este caso será un animal, y su influencia puede ser muy fuerte. Cada signo animal es positivo o negativo, tiene una dirección cardinal, una estación y un mes principales (cuadro 1).

TRONCO	SIGNO	NORTE	ESTE	SUR	OESTE	MES
		(Invierno)	(Primavera)	(Verano)	(Otoño)	
-	Cerdo	Agua				Noviembre
+	Rata	Agua				Diciembre
-	Búfalo	Agua				Enero
+	Tigre		Madera			Febrero
-	Conejo		Madera			Marzo
+	Dragón		Madera			Abril
-	Serpiente			Fuego		Mayo
+	Caballo			Fuego		Junio
-	Cabra			Fuego		Julio
+	Mono				Metal	Agosto
-	Gallo				Metal	Septiembre
+	Perro				Metal	Octubre

Cuadro 1

La energía tierra no está en la tabla porque la lógica china sostiene que está compuesta por las otras cuatro energías. Por lo tanto, la consideran energía secundaria.

También los países, las ciudades y hasta las entidades pertenecen a un signo según la fecha exacta de su iniciación. Por ejemplo, según estos cálculos, México es caballo (su independencia fue en 1810).

Los chinos describen a las personas con sus defectos y sus virtudes, y nuestra sabiduría está en tomar conciencia de nuestras debilidades y mejorarlas para convivir mejor con el resto de la humanidad.

Cada signo tiene características sumamente positivas y negativas. Los chinos no son fatalistas, deterministas con el destino, sino que siempre contemplan la posibilidad de mejorarlo, en la medida de nuestra voluntad.

Como el año lunar se divide en 12 meses de 29 días y medio, cada dos años y medio se intercala un mes adicional para ajustar el calendario. El mes adicional se interpone consecutivamente entre los meses del año lunar, del segundo al undécimo. Esta adición produce el año lunar bisiesto.

El comienzo de cada mes lunar coincide con la fecha en que el calendario occidental señala la luna nueva. El calendario chino comienza el primer día de la primavera, que se llama Lap-Chun, y ocurre entre mediados de enero a febrero. Algunos años lunares pueden tener dos Lap-Chuns, y otros, ninguno. Esto acontece cuando el año nuevo chino empieza después del 5 de febrero y termina antes del primer día de la primavera del año siguiente. Los astrólogos chinos consideran que un año sin Lap-Chun es un año ciego, porque no posee «primer día de la primavera». Los años ciegos no se recomiendan para casarse.

Para tener una radiografía de nosotros mismos, debemos estudiar el animal del año en que nacimos, el signo lunar que corresponde a su signo solar, la energía del año de nacimiento y la energía fija del signo animal.

Con todos estos factores descubriremos qué se oculta en

nuestro corazón y en el de los otros y podremos predecir relaciones personales y profesionales. Muchas veces la compatibilidad de los signos según la tabla del año de nacimiento no guarda entera relación con lo descripto. Esto obedece a que en muchos casos el ascendente es más poderoso en influencia que el signo mismo; entonces, para encontrar compatibilidad con el signo de otra persona, deberá tener afinidad con su ascendente, o los puntos de coincidencia se darán a través de la energía a la cual pertenece.

Una Rata nacida durante las horas de la Rata es un signo «puro»; un Dragón nacido durante las horas del Conejo mantendrá posiblemente sus características más dominantes de Dragón; pero una Cabra nacida durante las horas del Tigre tendrá rasgos de Tigre, es decir, le corresponderán características predominantes de su signo ascendente y podrá ser compatible con un perro, cosa que normalmente no sería factible si se tomaran estrictamente las tablas de compatibilidad.

Una manera segura de establecer qué signo es dominante en una persona consiste en observar los signos lunares de la gente con la cual, «sin saber por qué», prefiere trabajar o se siente inexplicablemente atraída.

Aquí, un ejemplo para analizar los tres signos animales más importantes en la vida de una persona.

4 de mayo de 1940, 20 horas

	Grado de importancia
Su signo natal es: **Dragón 1940**	1°
Su ascendente es: **Perro (hora 20)**	2°
Su mes de nacimiento está regido por mayo: **Serpiente**	3°

Si miramos primero el signo natal del individuo (véanse cuadro 3 y tabla de páginas 35 a 39), podemos decir que tiene más compatibilidad con el Mono y la Rata, pero por su ascendente Perro tendrá mayor afinidad con el Caballo y el Tigre. El lector deberá leer el Dragón Tauro, ya que este libro también incluye la conjugación de ambos signos en los textos de cada animal, es decir, la combinación del signo chino con el occidental.

Las combinaciones de energías fijas contenidas en los trinos (conjunto de tres signos) hablan de las compatibilidades de los signos a partir de la energía que deriva de la combinación de los tres. Estos trinos son muy populares en China.

SIGNOS QUE CONFORMAN EL TRINO ENERGÉTICO			ENERGÍA QUE CONFORMAN EN CONJUNTO
Rata	Mono	Dragón	Agua
Caballo	Tigre	Perro	Fuego
Gallo	Serpiente	Búfalo	Metal
Conejo	Cerdo	Cabra	Madera

Cuadro 2

LOS AÑOS DE LOS SIGNOS LUNARES DESDE 1900 A 2019

RATA	1900	1912	1924	1936	1948	1960	1972	1984	1996	2008
BÚFALO	1901	1913	1925	1937	1949	1961	1973	1985	1997	2009
TIGRE	1902	1914	1926	1938	1950	1962	1974	1986	1998	2010
CONEJO	1903	1915	1927	1939	1951	1963	1975	1987	1999	2011
DRAGÓN	1904	1916	1928	1940	1952	1964	1976	1988	2000	2012
SERPIENTE	1905	1917	1929	1941	1953	1965	1977	1989	2001	2013
CABALLO	1906	1918	1930	1942	1954	1966	1978	1990	2002	2014
CABRA	1907	1919	1931	1943	1955	1967	1979	1991	2003	2015
MONO	1908	1920	1932	1944	1956	1968	1980	1992	2004	2016
GALLO	1909	1921	1933	1945	1957	1969	1981	1993	2005	2017
PERRO	1910	1922	1934	1946	1958	1970	1982	1994	2006	2018
CERDO	1911	1923	1935	1947	1959	1971	1983	1995	2007	2019

Cuadro 3

Nota: Como los años chinos no son iguales a los occidentales, deberá buscar su fecha exacta de nacimiento en la tabla que se encuentra en las páginas 35 a 39.

CÓMO SACAR EL ASCENDENTE
EN EL HORÓSCOPO CHINO

Los doce signos y sus horas

RATA	23.00 a 01.00
BÚFALO	01.00 a 03.00
TIGRE	03.00 a 05.00
CONEJO	05.00 a 07.00
DRAGÓN	07.00 a 09.00
SERPIENTE	09.00 a 11.00
CABALLO	11.00 a 13.00
CABRA	13.00 a 15.00
MONO	15.00 a 17.00
GALLO	17.00 a 19.00
PERRO	19.00 a 21.00
CERDO	21.00 a 23.00

Así como en el horóscopo occidental cada signo está relacionado con una estación del año, en el horóscopo chino los doce signos anuales tienen un mes que les corresponde, a través del cual se determina la estación fija de cada animal.

EL ALMANAQUE LUNAR AGRÍCOLA

FECHA MÁS PRÓXIMA DEL ALMANAQUE OCCIDENTAL	SIGNO SOLAR OCCIDENTAL	SIGNO LUNAR ORIENTAL
21/1 a 19/2 - Frío intenso Comienzo de la primavera	Acuario	Rata
19/2 a 20/3 - Aguas pluviales Insectos excitados	Piscis	Búfalo
20/3 a 20/4 - Equinoccio de primavera Claro y luminoso	Aries	Tigre
20/4 a 20/5 - Llegan las lluvias Comienza el verano	Tauro	Conejo
20/5 a 21/6 - Cuaja el grano Grano en espiga	Géminis	Dragón
21/6 a 22/7 - Solsticio de verano Calor moderado	Cáncer	Serpiente

Cuadro 4

FECHA MÁS PRÓXIMA DEL ALMANAQUE OCCIDENTAL	SIGNO SOLAR OCCIDENTAL	SIGNO LUNAR ORIENTAL
22/7 a 22/8 - Gran calor Comienzo del otoño	Leo	Caballo
22/8 a 23/9 - Límite del calor Rocío blanco	Virgo	Cabra
23/9 a 23/10 - Equinoccio de otoño Rocío frío	Libra	Mono
23/10 a 22/11 - Helada blanca Comienza el invierno	Escorpio	Gallo
22/11 a 21/12 - Pequeña nevada Gran nevada	Sagitario	Perro
21/12 a 21/1 - Solsticio de invierno Poco frío	Capricornio	Cerdo

LOS CORRELATIVOS
ENTRE LAS 5 ENERGÍAS Y LOS ÓRGANOS

	METAL	AGUA	MADERA	FUEGO	TIERRA
ÓRGANOS	Pulmones	Riñones	Hígado	Corazón	Bazo
ENTRAÑAS	Intestino grueso	Vesícula	Vesícula Biliar	Intestino delgado	Estómago
COLOR	Blanco	Negro	Verde	Rojo	Amarillo
ESTACIÓN	Otoño	Invierno	Primavera	Verano	Fin del verano
SABOR	Picante	Salado	Agrio	Amargo	Dulce
CLIMA	Seco	Frío	Viento	Calor	Humedad
PLANETA	Venus	Mercurio	Júpiter	Marte	Saturno
SENTIMIENTO	Pena	Miedo	Cólera	Alegría	Reflexión
CEREAL	Avena	Soja	Trigo	Arroz	Maíz

Cuadro 5

LAS ENERGÍAS

En el horóscopo occidental, las energías son cuatro: FUEGO (Aries, Leo y Sagitario), AGUA (Cáncer, Escorpio, Piscis); AIRE (Géminis, Libra, Acuario) y TIERRA (Tauro, Virgo y Capricornio).

En el horóscopo chino, las energías son cinco (véanse páginas 27 a 31).

Las interrelaciones entre las cinco energías básicas constituyen una parte fundamental de la filosofía oriental. Se las divide en relaciones de GENERACIÓN Y DOMINANCIA.

DE GENERACIÓN
Del metal se obtiene agua
Al metal, en China en general, se lo representa con el oro. Según esta cosmovisión filosófica, metal podría significar una vasija o recipiente que pueda contener agua, es decir que el metal «atrapa» el agua; el metal es la única energía que toma estado líquido al calentarse.

Del agua se obtiene madera
Para los chinos, agua significa la lluvia o el rocío, que hace florecer la vida vegetal y produce madera durante ese proceso.

De la madera se obtiene fuego
El fuego no puede nacer por sí solo, sino que se produce al quemar o frotar madera.

Del fuego se obtiene tierra
Simbólicamente el fuego reduce todo a cenizas, cuyas partículas vuelven a formar parte de la tierra.

De la tierra se obtiene el metal
Todo metal tiene que ser extraído de la tierra.

DE DOMINANCIA
El metal es dominado por el fuego
El metal solo puede ser fundido por el exceso de calor.

El fuego es dominado por el agua
Un incendio es extinguido por el agua.

El agua es dominada por la tierra
Excavamos canales en la tierra para irrigar los campos o construimos diques para contener o conservar el agua.

La tierra es dominada por la madera
Los árboles y sus raíces mantienen consolidado el suelo y a la vez obtienen de la tierra su alimento.

La madera es dominada por el metal
Un árbol prehistórico puede ser derribado por el metal.

Como podemos ver, según esta filosofía no hay ninguna energía que sea más fuerte o más débil que la otra. Como el *yin* y el *yang*, se equiparan, se complementan y son dependientes entre sí. Todas están entrelazadas por la cadena de la vida, que es causa de su misma existencia, y no hay entre ellas lucha por el poder.

CADA UNA TIENE SU LUGAR Y SU FUNCIÓN PROPIA.

En el cuerpo humano, las cinco energías tienen una relación interdisciplinaria. El metal actúa sobre los pulmones, el fuego controla el corazón, el agua rige los riñones, la tierra domina el bazo y el páncreas, y la madera tiene su preeminencia en el hígado.

LA ENERGÍA METAL
Años terminados en 0 y 1
Las personas nacidas bajo la energía Metal serán rígidas y resueltas, intensamente sostenidas por sus ambiciones, y con escasa vacilación. Están muy orientadas hacia el éxito y son inflexibles en sus determinaciones. No se dejan influir fácilmente ni aun en situaciones de suma dificultad o cercanas al fracaso. Les cuesta abandonar sus propósitos, aunque los crean poco factibles. Por su fuerza mental, son obstinadas e inadaptables.

Estos nativos deciden su destino, despejan el camino sin esperar ayuda externa. Aunque parezcan fríos y distantes, pueden generar una corriente de electricidad que es percibida inmediatamente por quienes toman contacto con ellos. A través de esta percepción que producen logran realizar los cambios y las transformaciones deseadas.

Materialistas, poseen un sentido acumulativo y práctico y un gusto definido por el lujo, la opulencia y el poder. Si desean lograr paz interior, les conviene ser más flexibles, menos porfiados, y aprender a tener paciencia, sobre todo con aquellos seres que no comparten la totalidad de sus conceptos.

La energía Metal los convierte en verdaderos enigmas, poseedores de un gran carisma, con poderosa influencia en los demás. Presentan una gran avidez intelectual, cualidad que los llevará a tratar de rodearse de personas que les despierten admiración, a quienes tendrán por maestros y convertirán en sus guías espirituales.

LA ENERGÍA AGUA
Años terminados en 2 y 3

Las personas nacidas bajo la energía Agua tienen hipersensibilidad, virtud que les facilita la comunicación con los demás. Con su pensamiento influyen en las decisiones de otros. Son muy estimulantes porque emiten ondas altamente positivas y quienes las rodean saben interpretar las potencialidades creativas.

Su influencia es muy sutil: como el agua irán horadando la superficie de las cosas hasta llegar al centro. Prefieren infiltrarse a dominar, y a través de su talento silencioso consiguen que los demás terminen deseando hacer lo que ellas quieren. Logran sus objetivos de manera indirecta.

El aspecto negativo de estos seres es que, ante los problemas, resuelven tomar (o escapar) por el camino más fácil. Suelen ser pasivos y ante las dificultades adoptan actitudes de víctima en vez de utilizar su enorme poder de persuasión para realizar sus planes.

Aunque son vitalmente creativos, tienden a subestimarse,

condición que actúa como factor paralizante en el desarrollo de su talento.

LA ENERGÍA MADERA
Años terminados en 4 y 5

La energía Madera otorga a estos nativos una «ética» muy personal; apoyados en la gran fe que depositan en sí mismos son capaces de llevar a cabo todo lo que se proponen. Conducen a buen término proyectos en gran escala porque tienen una naturaleza expansiva y cooperativa. Impera en ellos un alma ejecutiva y son seres especiales para organizar trabajos multitudinarios y de gran categoría.

Tienen el don de saber convencer a los demás y lograr asociaciones que los beneficiarán. Son multifacéticos y poseen un espíritu renovador. Su gran amplitud mental los lleva a ser muy generosos y saber recompensar los esfuerzos de los que colaboran con ellos. Su lema es la superación constante, y la logran por sus propios méritos y por la fe que obtienen de la gente que los rodea. Muchas veces abarcan más de lo que pueden apretar y deben dejar entonces proyectos inconclusos.

Son sentimentales, algo sensibleros y poseen una envidiable fuerza de voluntad para reponerse de los desengaños.

LA ENERGÍA FUEGO
Años terminados en 6 y 7

Las personas regidas por la energía Fuego son muy seguras de sí. Poseen condiciones de liderazgo y, por su mayor agresividad, una gran influencia sobre los otros. Estos nativos suelen ser más positivos que los de otros signos, más arriesgados e innovadores. Abrirán caminos con su originalidad y su fuerza creativa. Impondrán con valentía sus ideas e invertirán casi todo su tiempo en explorar nuevos horizontes.

Son los que «hacen», los que están entregados a la acción y al discurso dinámico. Deben mantener, para lograr un necesario equilibrio, un gran dominio sobre sí mismos, porque cuando un nativo de fuego se obstina llega a ser muy egoísta, muy impaciente y hasta destructivo.

Si saben escuchar consejos y tratan de ser más comprensivos, pueden aspirar a grandes logros en la vida, porque tienen enormes posibilidades de éxito, sobre todo si se desarrollan en su verdadera vocación.

Son individuos sumamente francos y, como el fuego, son capaces de abrasar con su calor y atraer con su brillo a quienes los rodean. Pero ¡atención! también pueden volverse peligrosos y causar mucho daño cuando no consiguen controlar sus reacciones y encauzar adecuadamente sus energías.

La verdadera realización en la vida de ellos es el amor. Por eso suelen desviar más de una vez el rumbo elegido, al dejarse llevar, sin razonamientos previos, por sus impulsos primitivos.

LA ENERGÍA TIERRA
Años terminados en 8 y 9

Los nacidos bajo el influjo de esta energía son personas esquemáticas, preocupadas por aspiraciones funcionales y prácticas. Tienen mente deductiva y les gusta canalizar su energía en empresas sólidas y de largo aliento. Se destacan en organizar y planificar porque tienen una constante actitud previsora.

Son muy buenos administradores y saben emplear el dinero que ganan. Tienen una capacidad para orientar a otros con inteligencia. Se los puede comparar con laboriosas hormigas, por la perseverancia y la tenacidad con que suelen emprender cualquier empresa industrial, comercial o gubernamental.

Consiguen siempre resultados satisfactorios y perdurables. Son muy conservadores por naturaleza, medidos en sus expresiones y muy objetivos y con criterio para emitir juicios u opiniones. Capaces de hacerse cargo de responsabilidades grandes, poseen una estricta disciplina. Estos nativos viven preocupados por el futuro sin ser demasiado conscientes del momento que viven. Suelen insensibilizarse aun ante sus propias reacciones.

LAS ENERGÍAS Y USTED

Los factores que ejercen influencia directa sobre nuestro destino son la energía del signo lunar y del año de nacimiento, pero también la hora, el mes y el país en que se nace.

En la casa natal china hay una serie de cinco energías cuya trascendencia en nuestra vida tiene el siguiente orden de importancia.

1. **Energía del año de nacimiento**
2. **Energía del signo animal**
3. **Energía de la hora de nacimiento**
4. **Energía del mes de nacimiento**
5. **Energía del país de nacimiento**

Como ejemplo tomemos una persona nacida en Ecuador, el 21 de septiembre de 1936, entre las 5 y 7 de la mañana.

1. Energía del año de nacimiento (1936) **Fuego**
2. Energía fija del signo animal (Rata) **Agua**
3. Energía de la hora de nacimiento (Conejo) **Madera**
4. Energía del mes de nacimiento
   (septiembre, que corresponde al Gallo) **Metal**
5. Energía del país de nacimiento (Ecuador) **Agua**

Al mirar la carta natal de esta persona, vemos que contiene todas las energías, menos la de la Tierra, y que la del Agua aparece dos veces. Tiene también Fuego, Madera y Metal. Los chinos dicen que la tierra está compuesta por las otras cuatro energías. La falta de esta energía no es, pues, grave en esta carta, porque se supone que al estar presentes las otras cuatro, ellas mismas son capaces de neutralizar los daños eventuales que ocasionan y, unidas, pueden suplir la ausencia de esa quinta, que todas juntas componen.

Como expliqué anteriormente, cada una de las cinco energías ejerce su dominio sobre otra de ellas, a la vez que su influencia puede ser anulada por la energía que ella no puede dominar.

La presencia de las energías se puede utilizar para predeterminar con un alto porcentaje de exactitud las áreas laborales afines a cada personalidad, ayudando en la adecuada elección de la carrera u oficio que le permitirá un mejor desempeño.

Si las energías que dominan su vida caen bajo la autoridad del Metal, usted deberá buscar gente cercana o actividades cuya energía principal sea la Madera, porque el Metal domina a la Madera. Las profesiones adecuadas serán aquellas que estén relacionadas con el papel. También arquitectura, minería, joyería, fabricación de automóviles. Si usted insiste en trabajar con Fuego, cuando la base de su energía es Metal, le resultará difícil alcanzar el éxito y conseguirá algunos logros con esfuerzo. Si usted tiene predominio de Fuego, le irá bien en los campos relacionados con la industria de la madera y el metal; no le convendrá conectarse con gente en la que predomine la energía Agua (porque lo va a apagar), ni con aquella cuya energía principal sea Tierra, porque suele ser muy limitada y lenta, y a su lado el progreso es difícil.

Si su predominio es Agua, su éxito es seguro en actividades relacionadas con el Fuego y la Madera, ya que el Agua puede dominar al Fuego y producir Madera. Debe evitar demasiado contacto con seres de energía Tierra, que pueden dominarlo, y con los de Metal, que tienen fuerzas para limitarlo.

Si usted es Tierra deberá comunicarse con gente o actividades vinculadas con el Agua y el Metal, y en última instancia con los nativos de Fuego y Madera.

Finalmente, si su energía es Madera, deberá tratar de relacionarse con industrias dedicadas a agricultura, lechería o administración de propiedades; evite en lo posible enfrentarse con el Fuego y el Metal, si quiere verse libre de posibles daños.

TABLA DE RELACIÓN DE ENERGÍAS

Energía	Conflicto principal	Cierto conflicto	Sin conflicto	Éxito
Metal	Fuego	Tierra	Metal	Agua-Madera
Fuego	Agua	Tierra	Fuego	Madera-Metal
Agua	Tierra	Metal	Agua	Fuego-Madera
Tierra	Madera	Fuego	Tierra	Agua-Metal
Madera	Metal	Fuego	Madera	Tierra-Agua

PASOS PARA ENCONTRARNOS EN LAS TABLAS

Hay muchas personas que todavía no entienden el sistema funcional para saber a qué animal pertenecen en el horóscopo chino.

Este horóscopo se basa principalmente en el año de nacimiento; por eso lo primero que debemos hacer es fijarnos en qué año nacimos. Cada signo se repite cada doce años; entonces, sabiendo el signo de un año y agregando o restando doce, coincidirá con el mismo signo animal. Por ejemplo: 1910 es Perro; 1922 y 1898 también son Perro.

Las personas nacidas en enero y febrero deben fijarse en la tabla más completa, porque en esos meses cambia el año chino y pueden pertenecer al signo anterior. Otro tema que se presta a grandes confusiones es la correspondencia o equivalencia de cada signo oriental con el occidental. Esto tiene que ver con las estaciones que equivalen a los dos zodíacos, pero no implica que si nuestros signos occidental y oriental no coinciden resulte algo malo o no tan bueno; lo mismo pasa con la energía fija de cada signo animal: a veces coincide con la de nuestro año y otras veces no.

Cuando coinciden significa que hay mayor reciprocidad y organicidad en los nativos del signo. Por ejemplo: una Serpiente Tauro de energía Fuego que vive en la Argentina tiene la conjunción ideal para desarrollar su vocación en este lugar, sin necesidad de moverse. Su dirección es el Sur. Tenemos una Serpiente, a la que le equivale el signo Tauro y con energía fija Fuego.

Los chinos dan mucha importancia a las energías, las estaciones y las direcciones que nos indican el hemisferio ideal para vivir y desarrollarnos.

A través del Ki Nueve Estrellas podemos cambiar el lugar, la casa y la profesión. La vida es mutación y cambio; por eso nada es estático en nuestra vida. Así como cambian las estaciones, los días, los años, junto a la naturaleza y el universo, así debemos aceptar nosotros el ciclo vital.

LOS AÑOS LUNARES EXACTOS
DESDE 1900 A 2020

SIGNO	desde		hasta	ENERGÍA	TRONCO
Rata	31/01/1900	a	18/02/1901	metal	+
Búfalo	19/02/1901	a	07/02/1902	metal	-
Tigre	08/02/1902	a	28/01/1903	agua	+
Conejo	29/01/1903	a	15/02/1904	agua	-
Dragón	16/02/1904	a	03/02/1905	madera	+
Serpiente	04/02/1905	a	24/01/1906	madera	-
Caballo	25/01/1906	a	12/02/1907	fuego	+
Cabra	13/02/1907	a	01/02/1908	fuego	-
Mono	02/02/1908	a	21/01/1909	tierra	+
Gallo	22/01/1909	a	09/02/1910	tierra	-
Perro	10/02/1910	a	29/01/1911	metal	+
Cerdo	30/01/1911	a	17/02/1912	metal	-
Rata	18/02/1912	a	05/02/1913	agua	+
Búfalo	06/02/1913	a	25/01/1914	agua	-
Tigre	26/01/1914	a	13/02/1915	madera	+
Conejo	14/02/1915	a	02/02/1916	madera	-
Dragón	03/02/1916	a	22/01/1917	fuego	+
Serpiente	23/01/1917	a	10/02/1918	fuego	-
Caballo	11/02/1918	a	31/01/1919	tierra	+
Cabra	01/02/1919	a	19/02/1920	tierra	-
Mono	20/02/1920	a	07/02/1921	metal	+
Gallo	08/02/1921	a	27/01/1922	metal	-
Perro	28/01/1922	a	15/02/1923	agua	+
Cerdo	16/02/1923	a	04/02/1924	agua	-

SIGNO	desde		hasta	ENERGÍA	TRONCO
Rata	05/02/1924	a	24/01/1925	madera	+
Búfalo	25/01/1925	a	12/02/1926	madera	-
Tigre	13/02/1926	a	01/02/1927	fuego	+
Conejo	02/02/1927	a	22/01/1928	fuego	-
Dragón	23/01/1928	a	09/02/1929	tierra	+
Serpiente	10/02/1929	a	29/01/1930	tierra	-
Caballo	30/01/1930	a	16/02/1931	metal	+
Cabra	17/02/1931	a	05/02/1932	metal	-
Mono	06/02/1932	a	25/01/1933	agua	+
Gallo	26/01/1933	a	13/02/1934	agua	-
Perro	14/02/1934	a	03/02/1935	madera	+
Cerdo	04/02/1935	a	23/01/1936	madera	-
Rata	24/01/1936	a	10/02/1937	fuego	+
Búfalo	11/02/1937	a	30/01/1938	fuego	-
Tigre	31/01/1938	a	18/02/1939	tierra	+
Conejo	19/02/1939	a	07/02/1940	tierra	-
Dragón	08/02/1940	a	26/01/1941	metal	+
Serpiente	27/01/1941	a	14/02/1942	metal	-
Caballo	15/02/1942	a	04/02/1943	agua	+
Cabra	05/02/1943	a	24/01/1944	agua	-
Mono	25/01/1944	a	12/02/1945	madera	+
Gallo	13/02/1945	a	01/02/1946	madera	-
Perro	02/02/1946	a	21/01/1947	fuego	+
Cerdo	22/01/1947	a	09/02/1948	fuego	-

SIGNO	desde		hasta	ENERGÍA	TRONCO
Rata	10/02/1948	a	28/01/1949	tierra	+
Búfalo	29/01/1949	a	16/02/1950	tierra	-
Tigre	17/02/1950	a	05/02/1951	metal	+
Conejo	06/02/1951	a	26/01/1952	metal	-
Dragón	27/01/1952	a	13/02/1953	agua	+
Serpiente	14/02/1953	a	02/02/1954	agua	-
Caballo	03/02/1954	a	23/01/1955	madera	+
Cabra	24/01/1955	a	11/02/1956	madera	-
Mono	12/02/1956	a	30/01/1957	fuego	+
Gallo	31/01/1957	a	17/02/1958	fuego	-
Perro	18/02/1958	a	07/02/1959	tierra	+
Cerdo	08/02/1959	a	27/01/1960	tierra	-
Rata	28/01/1960	a	14/02/1961	metal	+
Búfalo	15/02/1961	a	04/02/1962	metal	-
Tigre	05/02/1962	a	24/01/1963	agua	+
Conejo	25/01/1963	a	12/02/1964	agua	-
Dragón	13/02/1964	a	01/02/1965	madera	+
Serpiente	02/02/1965	a	20/01/1966	madera	-
Caballo	21/01/1966	a	08/02/1967	fuego	+
Cabra	09/02/1967	a	29/01/1968	fuego	-
Mono	30/01/1968	a	16/02/1969	tierra	+
Gallo	17/02/1969	a	05/02/1970	tierra	-
Perro	06/02/1970	a	26/01/1971	metal	+
Cerdo	27/01/1971	a	14/02/1972	metal	-

SIGNO	desde		hasta	ENERGÍA	TRONCO
Rata	15/02/1972	a	02/02/1973	agua	+
Búfalo	03/02/1973	a	22/01/1974	agua	-
Tigre	23/01/1974	a	10/02/1975	madera	+
Conejo	11/02/1975	a	30/01/1976	madera	-
Dragón	31/01/1976	a	17/02/1977	fuego	+
Serpiente	18/02/1977	a	06/02/1978	fuego	-
Caballo	07/02/1978	a	27/01/1979	tierra	+
Cabra	28/01/1979	a	15/02/1980	tierra	-
Mono	16/02/1980	a	04/02/1981	metal	+
Gallo	05/02/1981	a	24/01/1982	metal	-
Perro	25/01/1982	a	12/02/1983	agua	+
Cerdo	13/02/1983	a	01/02/1984	agua	-
Rata	02/02/1984	a	19/02/1985	madera	+
Búfalo	20/02/1985	a	08/02/1986	madera	-
Tigre	09/02/1986	a	28/01/1987	fuego	+
Conejo	21/01/1987	a	16/02/1988	fuego	-
Dragón	17/02/1988	a	05/02/1989	tierra	+
Serpiente	06/02/1989	a	26/01/1990	tierra	-
Caballo	27/01/1990	a	14/02/1991	metal	+
Cabra	15/02/1991	a	03/02/1992	metal	-
Mono	04/02/1992	a	22/01/1993	agua	+
Gallo	23/01/1993	a	09/02/1994	agua	-
Perro	10/02/1994	a	30/01/1995	madera	+
Cerdo	31/01/1995	a	18/02/1996	madera	-

SIGNO	desde		hasta	ENERGÍA	TRONCO
Rata	19/02/1996	a	06/02/1997	fuego	+
Búfalo	07/02/1997	a	27/01/1998	fuego	-
Tigre	28/01/1998	a	15/02/1999	tierra	+
Conejo	16/02/1999	a	04/02/2000	tierra	-
Dragón	05/02/2000	a	23/01/2001	metal	+
Serpiente	24/01/2001	a	11/02/2002	metal	-
Caballo	12/02/2002	a	31/01/2003	agua	+
Cabra	01/02/2003	a	21/01/2004	agua	-
Mono	22/01/2004	a	08/02/2005	madera	+
Gallo	09/02/2005	a	28/01/2006	madera	-
Perro	29/01/2006	a	17/02/2007	fuego	+
Cerdo	18/02/2007	a	06/02/2008	fuego	-
Rata	07/02/2008	a	25/01/2009	tierra	+
Búfalo	26/01/2009	a	13/02/2010	tierra	-
Tigre	14/02/2010	a	02/02/2011	metal	+
Conejo	03/02/2011	a	22/01/2012	metal	-
Dragón	23/01/2012	a	09/02/2013	agua	+
Serpiente	10/02/2013	a	30/01/2014	agua	-
Caballo	31/01/2014	a	18/02/2015	madera	+
Cabra	19/02/2015	a	07/02/2016	madera	-
Mono	08/02/2016	a	27/01/2017	fuego	+
Gallo	28/01/2017	a	15/02/2018	fuego	-
Perro	16/02/2018	a	04/02/2019	tierra	+
Cerdo	05/02/2019	a	24/01/2020	tierra	-

Rata

Rata

TERMINATOR Y MICKEY MOUSE

....

Ficha técnica
Nombre chino de la rata: SHIU
Número de orden: PRIMERO
Horas regidas por la rata: 23.00 a 01.00
Dirección de su signo: DIRECTAMENTE HACIA EL NORTE
Estación y mes principal: INVIERNO DICIEMBRE
Corresponde al signo occidental: SAGITARIO
Energía fija: AGUA
Tronco: POSITIVO

Eres rata si naciste
18/02/1912 - 05/02/1913
RATA DE AGUA
05/02/1924 - 24/01/1925
RATA DE MADERA
24/01/1936 - 10/02/1937
RATA DE FUEGO
10/02/1948 - 28/01/1949
RATA DE TIERRA
28/01/1960 - 14/02/1961
RATA DE METAL
15/02/1972 - 02/02/1973
RATA DE AGUA
02/02/1984 - 19/02/1985
RATA DE MADERA
19/02/1996 - 06/02/1997
RATA DE FUEGO
07/02/2008 - 25/01/2009
RATA DE TIERRA

LA RATA ENAMORADA

Una rata sin pasaporte
decidida entró por la puerta de calle,
no se ha ido todavía
y ya ha descuajeringado mi vida.
No hay veneno que la mate
a esta rata mitad roca, mitad luna;
se siente ya en esta casa inquilina instalada.
Cuando la noche le pesa en su guarida
se desliza y come una flor, una manzana,
y me crea el espanto de no querer verla
a esta rata chupavida.

L. S. D.

LA PERSONALIDAD DE LA RATA

No puedo dejar de expresar mi «atracción fatal» con la rata.
Apenas la veo (sean hombres o mujeres), siento una electricidad
que me recorre todo el cuerpo y una sensación de que «es posible que todo ocurra», pues este roedor se hechiza instantánea-
mente conmigo, que soy mono. Quiso el Tao que tuviera un no-
vio rata que casi me lleva al más allá, pues me paseó por el cielo
y el infierno; sentía que vivía en situaciones límite y al borde del
peligro, jugándome la vida a cada momento junto a él. Creo que
convivir con él fue un *training* imposible de superar o comparar
con otras experiencias. El saldo es muy positivo, pues me enseñó
el «arte de la supervivencia y de la imaginación» en todo el ca-
leidoscopio. También me fagocitó hasta la última gota de prana
(energía) que tenía y me dejó al borde del Borda*. La rata no es
un plato fácil de digerir. Es el único animal que nos sobrevivirá a
todos; no se la puede exterminar. No resulta fácil conocer a una
rata, pues es «escondedora» y muy difícil de atrapar.

* El Hospital Municipal José Tiburcio Borda es un hospital psiquiátrico de la
Ciudad de Buenos Aires.

La rata es muchas personas y temperamentos en una. Misteriosa, secreta, agresiva, magnética e individualista, detesta las aglomeraciones pero sabe ser sociable cuando sus intereses están en juego. Seductora, encantadora e intuitiva, sabe como nadie hacer hablar a los otros. Emplea con arte su astucia y habilidad para relacionarse con la gente y obtener sus objetivos, que siempre son ambiciosos. Manipuladora por momentos, la culpa no le saca el sueño. Detesta develar su inconsciente, es desconfiada y guarda celosamente sus secretos.

Brillante, de inteligencia aguda, lúcida y cortante, gran detallista y observadora, excelente consejera y crítica, puede analizar con microscopio cualquier situación y desmenuzarla hasta las últimas consecuencias.

Está siempre a la defensiva pues es muy paranoica y siente que la pueden exterminar en cualquier momento. No se junta con cualquiera y no tiene intenciones de seguir al rebaño.

La tradición china dice que una rata que nace en verano cuenta con más posibilidades de sobrevivir que una que nace en invierno, porque en verano los graneros están repletos de comida, mientras en invierno se encuentran vacíos.

LA **RATA** Y EL TRABAJO

«Deja para mañana lo que puedas hacer pasado mañana». Y «el vivo vive del zonzo y el zonzo de su trabajo» son refranes que parecen inspirados en la rata. Adora delegar todo con placer y detesta el trabajo en grupo; es más bien perezosa, prefiere que trabajen los otros. A menudo está al comenzar el trabajo, pero raramente se la encuentra cuando este termina. Las ideas la subyugan pero la rutina la aburre; no soporta los horarios, los obstáculos, ni que pongan límites a su ambición. Es una luz para los negocios rápidos y la especulación; su sentido de la estrategia compensa su falta de asiduidad y de perseverancia. Su olfato entrenado le permite detectar las trampas. Es una estratega genial y una política capaz de cambiar las jugadas en un instante.

LA RATA Y EL DINERO

A lo largo de su vida podrá vivir en la mayor abundancia y en la peor de las miserias, pero hará todo lo posible para tener dinero siempre y procurarse todos los gustos. Avara y pródiga a la vez, gasta sus reservas para su propio placer, y si lo hace por alguien es porque lo ama profundamente. No soporta el despilfarro, aunque es capaz de dilapidar su fortuna o la ajena en menos de lo que canta un gallo.

LA RATA Y SUS AMORES

La naturaleza de la rata es apasionada, y no sabe ser de otra manera; por eso sus relaciones son siempre tempestuosas y violentas. Vive el amor con total entrega y puede ser agresiva si sospecha o siente celos. Muy posesiva, es capaz de elucubrar juegos maquiavélicos si se siente rechazada o incomprendida. No le resulta fácil enamorarse, pero si lo hace será la amante más tierna, ardiente y generosa de la tierra. Se puede contar con ella en caso de necesidad económica y como apoyo moral en momentos de crisis.

Para seducirla hay que maravillarla, sorprenderla, ser excepcional, gracioso, inteligente, insólito, misterioso, alimentar su gusto por los secretos, y jamás jugar con sus celos...

LA RATA Y LA FAMILIA

Hay dos tipos de ratas: las hogareñas y apegadas a sus raíces y su familia, y las callejeras y de mundo.

La rata protegerá a su familia siempre que se sienta con poder y dominio sobre los miembros que la integran. Estará más en la casa cuando menos se lo exijan y saldrá a la aventura si se siente rechazada. Es muy prolífica y puede tener hijos de varios matrimonios e integrarlos a su vida sin conflicto.

Cuando atraviesa una buena racha es capaz de defender a su familia contra las siete plagas de Egipto, pero si está deprimida y derrotista se puede convertir ella misma en la más difícil de exterminar.

LA RATA Y SU ENERGÍA

RATA DE MADERA (1864-1924-1984)

Esta rata ama la armonía, busca el equilibrio estético, tiene sentido artístico y admira el arte en todas sus expresiones.

Angustiada por el futuro, trabaja mucho para proveerse una seguridad material. Se distingue por su imaginación y creatividad; la gente confía en ella y se asocia a sus novedosos proyectos. Su corrección y honestidad dan seguridad, y su capacidad para encontrar soluciones inéditas y originales le aporta la ayuda de los demás.

Personajes famosos

Carlos Tévez, Marcello Mastroianni, William Shakespeare, Marlon Brando, Lauren Bacall, Sarah Vaughan, Narciso Ibáñez Menta, Charles Aznavour, Toulouse-Lautrec.

RATA DE FUEGO (1876-1936-1996)

Esta rata es entusiasta, hiperactiva y muy competitiva. Le encanta involucrarse, comprometerse y luchar por sus ideas innovadoras. Tiene un espíritu samaritano y se embandera en causas humanitarias. Es generosa cuando ama y arbitraria en sus decisiones. Adora a su familia, pero no se deja influenciar ni dominar, y es extremadamente independiente. Resulta imbatible en sus convicciones y cree firmemente que «el fin justifica los medios».

No es diplomática: la emoción domina a la razón. Adora los viajes, la aventura, y prefiere los comienzos a los finales.

Personajes famosos

Antonio Gades, Norma Aleandro, Jorge Mario Bergoglio, Wolfgang Amadeus Mozart, Anthony Hopkins, Charlotte Brönté, Pablo Casals, Mata Hari, Ursula Andress, Yves Saint-Laurent, Kris Kristofferson.

RATA DE TIERRA (1888-1948-2008)

Esta rata terrenal no pierde el tiempo en proyectos absurdos o idealistas. Trabaja afanosamente para obtener lo más rápidamente posible el reconocimiento de sus dones y talentos, y así asegurarse el queso. Llega lejos por su paciencia, realismo, perseverancia, y es capaz de atacar con furia a quien se le cruce en su camino. Cuando se propone un objetivo se consagra absolutamente y en el camino no se distrae con otros proyectos.

Invertirá en bienes raíces y hará buenos negocios. Conservadora y conformista, las apariencias le importan y protegerá a su familia para asegurarle la sobrevivencia hasta el final de sus días.

Personajes famosos

Mikhail Barishnykov, Indio Solari, Brian Eno, Rubén Blades, Robert Plant, Lito Nebbia, Gérard Depardieu, Leon Tolstoi, Olivia Newton-John, James Taylor.

RATA DE METAL (1840-1900-1960)

La claridad y la firmeza de sus objetivos diferencian a esta rata de las otras. No se dispersa, y tras una apariencia cordial y seductora sabe manejar el juego. Tiene las virtudes y los defectos exaltados; discutidora, peleadora y crítica, no conoce las medias tintas. Es muy insegura, celosa, posesiva y colérica, carece de tacto para tratar situaciones delicadas.

Su afán de sobresalir siempre oculta su naturaleza emotiva, romántica y apasionada; se debate entre sus deseos carnales y su moral. Ama el poder, el lujo y el dinero, y aprovecha todas las ocasiones para triunfar e imponerse. Es un genio para beneficiarse de sus relaciones con la gente.

Personajes famosos

Antonio Banderas, Diego Maradona, Gustavo Francisco Petro Urrego, Bono, Luis Buñuel, Tchaikowsky, Spencer Tracy, Gabriel Corrado, Daryl Hannah, Julien Green, Sean Penn.

RATA DE AGUA (1852-1912-1972)

Esta rata conjuga la intuición y la capacidad de analizar, de comprender las motivaciones de los demás y de aprender. Se adapta a las situaciones y sabe dominar sus pasiones y sus impulsos. Su gran sensibilidad le permite tomar riesgos calculados, saber lo que los demás desean e ir en esa dirección. Le cuesta asumir responsabilidades, pero sabe manipular a las personas y a las cosas como nadie. Dúctil, inteligente y original, resulta indispensable en una sociedad o en un grupo de trabajo. Es irresistiblemente seductora.

Personajes famosos

George Washington, Antonio Gaudí, Rossini, Raj Patel, Loretta Young, Gene Kelly, Lawrence Durrell, Facundo Arana, Cameron Díaz.

LA RATA Y SU ASCENDENTE
O COMPAÑERO DE CAMINO

Rata ascendente Rata: 23.00 a 01.00

Emplea la velocidad de la luz para atrapar a su presa. No tiene moral y utiliza su seducción indiscriminadamente para conseguir sus objetivos. Soberbia, apasionada y violenta, ama el hogar y la lectura. Nació para el arte y los negocios.

Rata ascendente Búfalo: 01.00 a 03.00

Un prodigio de creatividad y tesón. Cautelosa, culta, refinada y muy sibarita. Necesita admirar para enamorarse. Tendrá moral y protegerá a su prole.

Rata ascendente Tigre: 03.00 a 05.00

La aventura y el riesgo en lo que haga serán su sello. Estará predispuesta a cambiar de lugar o trabajo si no se siente respetada. Vivirá amores tormentosos que la inspirarán creativamente.

Rata ascendente Conejo: 05.00 a 07.00

Será una simuladora irresistible; la astucia y la seducción la convertirán en una jugadora de póquer invencible. Calculadora, buscará fama, dinero y poder a cualquier precio: su corazón hará una cosa y su mente otra.

Rata ascendente Dragón: 07.00 a 09.00

Necesitará un escenario para expresarse y que la aplaudan. Estará convencida de lo que emprende y nunca dará el brazo a torcer. Ganará mucho y lo gastará velozmente. Tendrá un corazón de oro.

Rata ascendente Serpiente: 09.00 a 11.00

¡Qué rata materialista, sibarita y ambiciosa! No tendrá límites para sacar tajada de las oportunidades que se le presentan e hipnotizará a sus víctimas con su *charme*. Sabrá huir victoriosa de las trampas.

Rata ascendente Caballo: 11.00 a 13.00

Rata al borde del abismo. Correrá muchos riesgos en la vida. La independencia del caballo le provocará una existencia turbulenta en el plano sentimental. Los negocios se le evaporarán de las manos.

Rata ascendente Cabra: 13.00 a 15.00

Todo lo que haga será para elevar su situación económica, laboral y profesional. Amará el lujo, el confort, las relaciones influyentes y lo que le brinde seguridad. Será emotiva y sentimental.

Rata ascendente Mono: 15.00 a 17.00

Combinación fascinante y despiadada para quien se involucre con ella. Seducirá sin escrúpulos y tendrá el signo pesos en la retina. Artista genial o estafadora irresistible.

Rata ascendente Gallo: 17.00 a 19.00

Se debatirá entre el deber y los ideales. Le costará tomar

decisiones importantes y tratará de huir para que no la atrapen. Vivirá en conflicto debatiéndose entre ganar dinero y gastarlo. Tiene nobleza y soberbia.

Rata ascendente Perro: 19.00 a 21.00

Su señorío y su fidelidad se combinarán con su avidez de poder y dinero. Será excelente crítica, prestamista y asesora sentimental. Estará dotada para el periodismo, la literatura y la filosofía.

Rata ascendente Cerdo: 21.00 a 23.00

Un ser íntegro, lleno de vitalidad y sensualidad. Buscará soluciones a los problemas y jamás traicionará. El amor la convertirá en una rata codiciada y con un tesoro para repartir entre los que la descubran.

CONJUGACIÓN DE LA RATA
CON EL HORÓSCOPO OCCIDENTAL

Rata Aries

Su vitalidad y rebeldía la convierten en una rata arremetedora y audaz, capaz de desafiar los obstáculos más arriesgados. Testaruda, progresista y apasionada; cuando ama, le saca chispas al sol.

Rata Tauro

Será un vicio para quien se conecte con ella. Tendrá los secretos de la seducción y resultará brillante en lo que haga. Su principal realización será con su pareja y con sus hijos. Acumulará riquezas y experiencia.

Rata Géminis

Multifacética, innovadora, charlatana y original, tendrá una vida agitada y muy cambiante. Si no la presionan es capaz de trabajar por cien personas, pero si se siente obligada se convierte en la más perezosa y rebelde de las ratas.

Rata Cáncer

Necesitará contención afectiva para vivir y trabajará solo cuando tenga asegurada su tajada. Se destacará en su profesión y tendrá una imaginación digna de Ray Bradbury. Es la más soñadora y ciclotímica de las ratas.

Rata Leo

Sus sentimientos pondrán en jaque sus objetivos. Especulará con cualquier oportunidad que le permita ascender o escalar posiciones. Desbordante, graciosa y llena de vitalidad, será una amante excepcional siempre que pueda controlar sus celos y su paranoia.

Rata Virgo

Su mente es un arma de doble filo: puede analizar minuciosamente cada minuto de la vida como un científico y ser víctima de sus elucubraciones. Su mayor realización la encuentra en el amor, al que transforma en su principal arte.

Rata Libra

Necesitará libertad y apoyo emocional para desarrollarse. Su vida será polémica. No podrá resistirse al amor y buscará la belleza y el refinamiento en cada cosa que haga. Los viajes la estimulan creativamente.

Rata Escorpio

Experimentará cada cosa que aparezca en su camino y estará dispuesta a luchar y a vencer. La disciplina y el rigor son indispensables para ella; hará fortuna y la despilfarrará con sus seres queridos.

Rata Sagitario

Nació para transgredir e inducir a los demás a unirse a sus ideas. Se supera constantemente y busca desafíos. Concreta, dócil, leal, imaginativa, necesita apoyo antes de tomar alguna decisión, pero jamás retrocede en sus elecciones.

Rata Capricornio

Busca riqueza, poder y estabilidad emocional. No soporta que la ignoren y la demanden en sus actividades. Es muy seductora, sociable, constante e ingeniosa. Ama el sexo aunque no lo demuestre.

Rata Acuario

Es una intelectual llena de energía y entusiasmo para emprender tareas arriesgadas. Detesta la rutina y las responsabilidades. Su riquísima imaginación es su manera de llegar a conocer a los demás. Un prodigio de sensibilidad: médium o parapsicóloga innata.

Rata Piscis

Vivirá arriesgando su vida por amor. No conocerá fronteras para conseguir sus objetivos y utilizará todo lo que aparezca a su paso para justificar sus actos. Es indispensable que tenga una vocación u oficio que oriente su vida para mantener su equilibrio.

LA RATA EN EL AMOR

Rata y Rata

Vivirán mutuamente hechizados. Congeniarán física y espiritualmente. Tendrán los mismos gustos y ambiciones y se unirán para ganar dinero y despilfarrarlo juntos. Se sentirán en una eterna luna de miel siempre que se respeten y se admiren.

Rata y Búfalo

El búfalo necesitará de la imaginación y la astucia de la rata, y ella de la solidez y la protección del búfalo. Se complementan idealmente para formar un hogar y hacer proyectos juntos. Se ayudarán, inspirarán y vivirán enamorados por los siglos de los siglos...

Rata y Tigre

Si la rata deja al tigre con la jaula abierta, puede ser una relación muy estimulante y llena de matices. El tigre es innovador y a ambos les gusta la notoriedad. Aspiran a una buena posición social y económica. Deben estimularse en sus talentos.

Rata y Conejo

Desconfían uno del otro. Estarán a la defensiva, y al conejo lo apabullarán las escenas de celos y los escándalos públicos. La rata buscará pasión fuera de la casa. Serán buenos amigos, aunque no se complementen demasiado.

Rata y Dragón

Será un amor basado en la admiración y en los mismos gustos por la riqueza, el poder y la fama. Serán una pareja ideal si la rata es menos posesiva y el dragón no tan dominante.

Rata y Serpiente

Hay una gran afinidad entre ambos. Tendrán objetivos materiales que se cumplirán si, para complementarse, uno acepta las debilidades del otro. La rata admira el tesón y el brillo de la serpiente, y esta, la desmedida ambición de aquella.

Rata y Caballo

Son opuestos complementarios. Se atraen como un imán y pueden terminar cometiendo un crimen pasional. Estarán siempre al borde del peligro, pues la rata, dependiente, sufrirá con el egoísmo y la independencia del caballo. Pólvora y fuego.

Rata y Cabra

Estos dos soñadores necesitan un mecenas que los mantenga. Comparten gustos similares y un afán por aprovechar las relaciones sociales. A veces los caprichos de la cabra irritan a la rata, que es pura practicidad y materialismo.

Rata y Mono

Se hechizarán mutuamente y sentirán que tienen una gran afinidad. Son ambiciosos, astutos, prácticos y materialistas. Tendrán hijos y compartirán exitosamente proyectos laborales y artísticos.

Rata y Gallo

Se irritan mutuamente. El gallo estará disconforme con la espontaneidad de la rata y ella se sentirá muy sola con las excentricidades del gallo. Deberán recurrir a terceros para estimularse.

Rata y Perro

Puede durar mucho tiempo si la rata busca una ocupación que la estimule y le permita ganar dinero; mientras tanto, el perro saldrá a la calle a defender grandes causas. Habrá apoyo en el hogar y un entendimiento profundo si están dispuestos a hacer pequeñas concesiones.

Rata y Cerdo

Aman la vida y tienen gustos similares. Les encanta progresar, estudiar y ser creativos. Son optimistas, viciosos e informales. El cerdo no soportará que lo controlen y le exijan más de lo que puede, y abandonará a la rata si no lo respeta.

LA RATA EN LA AMISTAD

Rata y Rata

Serán cómplices, amigos y compinches en las buenas y en las malas. A veces se criticarán despiadadamente y competirán.

Rata y Búfalo

Serán útiles el uno para el otro aunque no tengan demasiados temas de conversación. Respetarán las costumbres y el espacio del otro.

Rata y Tigre

Cómplices para la frivolidad, no podrán contar con el otro en los momentos claves de la vida.

Rata y Conejo

Se atraerán por las diferencias, pero el conejo tendrá a la rata siempre en la mira. Desconfiarán uno del otro.

Rata y Dragón

Se admirarán y dejarán brillar al otro con agrado. Compartirán los momentos difíciles y se confiarán los secretos.

Rata y Serpiente

Sí tienen muchas cosas para decirse pueden desarrollar una amistad locuaz e intelectual.

Rata y Caballo

Cortocircuito astral. No comparten la más mínima visión del universo. Están siempre esperando la reacción del otro.

Rata y Cabra

Será una amistad frágil y superficial. Se divertirán a costa de los demás y, cuando se les acabe la plata, buscarán una víctima para desplumar.

Rata y Mono

No conocerán límites para imaginar aventuras y concretarlas. Tienen una afinidad absoluta y apuntan alto.

Rata y Gallo

Será una relación fría y distante. Aunque simpaticen, tendrán pocos puntos de contacto pues compiten permanentemente.

Rata y Perro

La rata no apunta lo suficientemente alto para el perro. Tendrán problemas éticos.

Rata y Cerdo

Dos buenos compañeros que pueden salir y armar líos juntos. La agresividad de la rata no encontrará eco en el cerdo. Son dos golosos.

LA RATA EN LOS NEGOCIOS

Rata y Rata

Ideas les sobran, pero ¿dónde está el capital? Puede resultar un floreciente negocio de usureros...

Rata y Búfalo

El búfalo no especulará: trabajará infatigablemente y acumulará riqueza. Siempre que sea él quien lleve las riendas en esta dupla, el éxito será seguro.

Rata y Tigre

Dependerán de la honestidad de la rata y de la constancia del tigre para no abandonar el barco antes de que se hunda.

Rata y Conejo

En asuntos de negocios el conejo o gato es temible, y sobre todo para la rata aprovechadora.

Rata y Dragón

Excelente unión si es el dragón el que manda. La rata aporta su astucia y el dragón su poderío. Ganarán plata y harán obras sólidas para los demás.

Rata y Serpiente

In :resante sociedad para mirarla desde afuera. Ambas quieren todo para sí.

Rata y Caballo

Preservemos esta asociación por el bien de la humanidad. Y tan bién por ellos...

Rata y Cabra

La cabra aportará ideas y buen gusto y la rata saldrá a buscar el capital. Necesitarían un tercero para que les organizara mejor el negocio.

Rata y Mono

Tal vez... aunque la rata debe desconfiar de su ciega admiración por el mono.

Rata y Gallo

¡Casi un suicidio! Siempre harán pésimos negocios juntos. Presentarán quiebra antes de empezar.

Rata y Perro

La rata tratará de explotar al perro, pero él es lúcido y no largará un peso si no está convencido del negocio.

Rata y Cerdo

Aquí la rata podría llegar a engañar al cerdo, pero él sabe dónde poner su dinero para que le dé provecho.

RELACIÓN PADRES E HIJOS

Padre Rata, hijo Rata

Afinidad esencial. Sea padre o madre, deberá controlar el deseo de posesión y el perseguimiento constantes. Hablarán el mismo idioma. Habrá peleas entre roedores, pero sin consecuencias.

Padre Búfalo, hijo Rata

El búfalo es muy autoritario y se dedicará a encaminar la indisciplina de la rata. La rata es dependiente y buscará la aprobación del búfalo en sus decisiones. Se respetan y admiran.

Padre Tigre, hijo Rata

El tigre se desinteresa absolutamente de lo que haga la

rata, que llamará la atención de sus progenitores a cualquier precio. Distintos puntos de vista.

Padre Conejo, hijo Rata

El gato (conejo) juega con el ratón. Los ratones bailan cuando no está el gato. Se provocarán y esconderán. Cuando pase algo grave se evadirán los dos.

Padre Dragón, hijo Rata

Será una relación exigente, con ideales y sueños en común. Al dragón no le gusta que lo defrauden y la rata lo aprenderá con el ejemplo.

Padre Serpiente, hijo Rata

Ambos son amantes de la familia, posesivos y celosos. Suele haber cambio de roles para lograr un apoyo mutuo y provechoso.

Padre Caballo, hijo Rata

Cortocircuito. A estos apasionados les cuesta dominar sus impulsos y muchas veces pueden terminar en una catástrofe. Tormenta familiar.

Padre Cabra, hijo Rata

¡Ojalá en esta familia abunde el dinero! Uno será parásito del otro y tratarán de esconderse juntos cuando lleguen los acreedores.

Padre Mono, hijo Rata

La rata estará hechizada por su padre mono, y obedecerá incondicionalmente todas sus propuestas. El cordón umbilical será difícil de cortar. Atención con el complejo de Edipo.

Padre Gallo, hijo Rata

A los dos les gusta pelear. Picotazos, nada grave pero tampoco apasionante. Con amor y esfuerzo a la larga tal vez se entenderán.

Padre Perro, hijo Rata

A pesar de su buena voluntad y su sentido del deber, el perro no se siente atraído por la rata, y ella le desobedecerá sin culpa.

Padre Cerdo, hijo Rata

Afinidad en los gustos. Compartirán pasiones y aventuras. Se reirán de las mismas cosas, y si la rata abusa, ¡paciencia!

CÓMO LE VA A LA RATA
EN LOS DIFERENTES AÑOS

Año de la Rata

Será un año de introspección y balance. Se esforzará más de la cuenta y buscará obtener resultados fáciles sin cuidarse de sus socios, que tratarán de complicarla. Pasará una de las peores crisis afectivas, pero renacerá como el Super Ratón.

Año del Búfalo

Conseguirá afianzar su delirio y perseverar en su proyecto largamente soñado. Trabajará arduamente, tendrá éxito y lo disfrutará con sus seres queridos. Aparecerán problemas jurídicos, pero saldrá beneficiada.

Año del Tigre

Habrá que salir a cazar. Las oportunidades aparecerán y desaparecerán de golpe. Se refugiará en la familia para afrontar los cambios radicales a los que estará expuesta. Deberá equilibrar su energía, pues estará más descompensada que lo habitual.

Año del Conejo

Tendrá que ser cautelosa. Se sorprenderá de las oportunidades fáciles que aparecerán (ponga atención y no las deje pasar). Es un año para reconciliarse consigo misma. Un cambio de lugar o país dará un nuevo aire a su vida.

Año del Dragón

Tendrá ganas de volar. Habrá logros económicos, avances en la profesión y muchas propuestas de trabajo en equipo. Será reclamada socialmente. Se casará con bombos y platillos.

Año de la Serpiente

Se sentirá muy exigida. Tendrá que ordenar papeles, juicios y cuentas pendientes. Necesitará mucho dinero para vivir y se endeudará. Vivirá aventuras sentimentales que la mantendrán entretenida. Un golpe de azar cambiará sus planes.

Año del Caballo

Vivirá excitada y descontrolada. Deberá mantener el equilibrio, pues será sorprendida en situaciones que no podrá manejar. El amor la sacudirá como un tornado. Sepa adaptarse a los cambios bruscos y no especule. Cambiará de rumbo a menudo.

Año de la Cabra

Necesitará trabajar más de lo habitual. Estará muy estimulada creativamente; generará ideas que serán muy apreciadas. La familia la reclamará y le exigirá más atención. No deberá caer en vicios, pues podrían provocarle trastornos psicosomáticos.

Año del Mono

Sentirá que todo lo que le pasa es un milagro. Se le abrirán las puertas en la profesión, en el amor, con los amigos y con el más allá. Dará un salto sideral en la profesión e iniciará una etapa de profundización de su vocación. Un año para renacer.

Año del Gallo

Se sentirá *tao off*. Se peleará con la gente, estará irascible en el trabajo y le costará ser constante. Busque alguna práctica oriental para tranquilizarse.

Año del Perro

Saldrá a luchar fuera de casa. Vivirá un amor intenso que la perturbará, alejándola de sus costumbres. Deberá ser más astuta, diplomática y solidaria si quiere salir ilesa de esta prueba.

Año del Cerdo

Caerá en las tentaciones fácilmente. Su estabilidad emocional será el termostato para su rendimiento. Estará a la defensiva, perderá posiciones en la vida profesional, social y afectiva. Un año de aprendizaje.

Rata de fuego

Norma Aleandro

Rata de metal

Antonio Banderas

Búfalo

Búfalo

LA VIDA TE DA SORPRESAS.
SORPRESAS TE DA LA VIDA...

Ficha técnica
Nombre chino del búfalo: NIU
Número de orden: SEGUNDO
Horas regidas por el búfalo: 01.00 a 03.00
Dirección de su signo: NOR-NORDESTE
Estación y mes principal: INVIERNO-ENERO
Signo occidental: CAPRICORNIO
Energía fija: AGUA
Tronco: NEGATIVO

Eres búfalo si naciste
06/02/1913 - 25/01/1914
BÚFALO DE AGUA
25/01/1925 - 12/02/1926
BÚFALO DE MADERA
11/02/1937 - 30/01/1938
BÚFALO DE FUEGO
29/01/1949 - 16/02/1950
BÚFALO DE TIERRA
15/02/1961 - 04/02/1962
BÚFALO DE METAL
03/02/1973 - 22/01/1974
BÚFALO DE AGUA
20/02/1985 - 08/02/1986
BÚFALO DE MADERA
07/02/1997 - 27/01/1998
BÚFALO DE FUEGO
26/01/2009 - 13/02/2010
BÚFALO DE TIERRA

Es bueno que sepas
lo antes posible
cosas esenciales de mí.

De un hombre quiero que lo sea,
se procure el sustento,
mute el *yin* y el *yang*,
no me corte el *trip*,
mantenga la distancia óptima,
no se eclipse con mi luna
y deje brillar el sol.

Que me extraiga el néctar
y me deje dormir;
que pueda separarse
sin desgarrarse
y que sintonice sin verme.

Que me invite a su vida
lo más liviano posible
y no me someta a deudas pendientes
con otras mujeres.

Yo convertiré en magia
lo cotidiano,
te cocinaré un manjar improvisado,
plasmaré tus sueños enjaulados,
romperé hechizos milenarios,
y descorcharé un manantial
para regarte raíz,
hojas y flor.

No me impidas.
No me pidas.
No me digas.

Susurrame, musitame, inventame,
desnudame, saboreame, deshojame.

Desde acá en adelante
creemos un nuevo amor.
Seamos mansos y adaptables
continentes y mares
antídotos del dolor.

Juntemos al alacrán y al grillo
en la senda del amor.

L. S. D.

LA PERSONALIDAD DEL BÚFALO

Debo admitir mi especial debilidad por el búfalo, al que quiero, admiro y respeto silenciosamente. Es casi emocionante reconocer, en los búfalos que he conocido, su original visión de la vida y su conducta totalmente decidida en lo que emprenden. Me tocan resortes del corazón y experimento una ternura única e irrepetible. El búfalo no llega a cualquiera ni fácilmente, pero cuando lo hace es para siempre.

Él es el segundo animal que llegó a Buda, pero habría sido el primero si la rata no se le hubiera adelantado después de una larga travesía en la cual la llevó en su lomo, víctima de su irresistible seducción. Es el más tradicional de los doce signos y tiene una perseverancia fuera de lo común que, dicho sea de paso, lo convierte en un testarudo infernal. Su responsabilidad le permite tener la paciencia y el coraje necesarios para emprender proyectos a largo plazo.

Frente a las dificultades actúa con sangre fría, analiza todo antes de decidir, y una vez que adoptó una idea no la cambia. Se esfuerza por ocultar cuidadosamente sus emociones y detesta perder el tiempo; las charlas inútiles y la gente mediocre lo aburren. Este misterioso ser ama la soledad, la naturaleza, los amigos y la gente con energía positiva. Fiel, se puede contar con él para guardar un secreto o para brindar ayuda cuando comparte las creencias por las que se arriesga.

Es un guerrero invencible: detesta perder y la idea del fracaso le resulta insoportable; puede recordar a quienes le hicieron daño y embestirlos hasta provocarles la muerte.

En China dicen: «No provoquen a un búfalo, porque ve rojo».

EL BÚFALO Y EL TRABAJO

En China, el búfalo representa el trabajo. Hay dos tipos de búfalos: los que nacen en verano, que son infatigables y casi obsesivos con el trabajo, y los que nacen en invierno, que son muy sibaritas y a los que les cuesta enfrentar la vida.

La verdadera realización del búfalo se encuentra en el trabajo; es capaz de hacer la labor de diez personas sin fatigarse y siempre está presente en cuerpo, alma y corazón en lo que emprende; odia delegar responsabilidades. Se adapta bien al juego social, conoce las reglas y es capaz, cuando hace falta, de ser mundano. Elige selectivamente a sus socios: honesto, serio y profesional, tiene palabra de honor y es un motor para la gente que lo rodea. Se lo admira por su gran voluntad y sabe llegar a la cúspide. No elige lo fácil y detesta tomar atajos. Con el búfalo, ningún problema queda sin solución.

EL BÚFALO Y EL DINERO

Le gusta ganar dinero y es «materialista»; sabe de memoria su cuenta en el banco, conoce el precio del dinero y tiene relaciones claras con él. Adora el confort, aunque no el lujo, y sabe utilizar sus ganancias para tener un buen nivel de vida. No es gastador ni despilfarrador, vive con lo imprescindible y sabe administrar el dinero como nadie. Tiene fama de avaro, y muchas veces lo es; pero en la mayoría de los casos es un sabio que vive «con lo justo» y no comete excesos. Por supuesto que prefiere arreglar el techo de su casa antes que comprarse un auto último modelo. Pero eso, ¿es un vicio?

EL BÚFALO Y SUS AMORES

Para establecer una relación afectiva se toma su tiempo o se zambulle en un minuto sin medir las consecuencias. Necesita conocer a su pareja, es desconfiado; la afectividad representa un mundo complejo para él, y le cuesta que capten la dimensión en la cual se mueve. Al búfalo le gustan las relaciones sólidas, largas y confortables. Cuando se entrega es sensual, tierno, apasionado, romántico y muy original. Si lo engañan, habrá que atenerse a las consecuencias, porque es revanchista y feroz.

Para seducirlo hay que ofrecerle una vivienda confortable, buena comida, hacerle cariños, divertirlo y hablarle de eternidad. Eventualmente, presentarle los últimos balances bancarios.

EL BÚFALO Y LA FAMILIA

La divisa del búfalo es «Dios, Patria, Hogar». Él representa la autoridad y el respeto. Será un exquisito padre o madre, protector, generoso, atento y muy predispuesto a escuchar los puntos de vista de los miembros de la familia cuando lo necesitan. Educará a sus hijos severamente, les exigirá el máximo rendimiento, y se enorgullecerá si reciben premios.

EL BÚFALO Y SU ENERGÍA

BÚFALO DE MADERA (1865-1925-1985)

Su filosofía paisana no le impide la cortesía en sus relaciones... La vida social le interesa: hasta es capaz de dar pruebas de anticonformismo para mejorar su vida material, pero sin dejar de ignorar las reglas y las costumbres.

Menos testarudo que sus hermanos, puede ser dócil y diplomático si sus intereses están en juego. Conseguirá triunfar gracias a su capacidad de innovar y conducir bien sus empresas. Trabajador, ambicioso y voluntarioso, sabe adaptarse perfectamente a las normas sociales y las utiliza bien.

Personajes famosos

B. B. King, Rock Hudson, Johann Sebastian Bach, Malcom X, Bill Halley, Paul Newman, Peter Sellers, Jack Lemmon, Richard Burton.

BÚFALO DE FUEGO (1877-1937-1997)

Este búfalo es dinámico; su deseo de poder solo se iguala con el de ser adulado y reconocido socialmente. Quiere tener éxito material y no dudará en usar una franqueza brutal para eliminar de su entorno todos los obstáculos que le impidan concretar sus ambiciones. Si lo engañan, será un enemigo peligroso. Le cuesta ponerse en el lugar de los otros, y jamás hace concesiones. Es autoritario y no le gusta ser desobedecido. Enérgico, carismático, seductor, atractivo para el sexo opuesto, su empuje en la vida es excepcional. Nunca abusa de los débiles y oprimidos y tiene clase para tratar a los demás. Es generoso y pródigo con sus amigos, que aprovechan su protección.

Personajes famosos

Martina Stoessel, rey don Juan Carlos I de España, Norman Briski, María Kodama, Jack Nicholson, Jane Fonda, Eric Segal, Robert Redford, Warren Beatty, Dustin Hoffman, Bill Cosby.

BÚFALO DE TIERRA (1889-1949-2009)

Un búfalo tranquilo que adora masticar tranquilamente las florcitas del campo. Hace lo necesario para lograr su seguridad material y la de su familia. Fiel, no le interesa el poder y conoce sus límites. Su realismo y su honestidad le permiten tomar responsabilidades que le aseguran el éxito material. Es un amigo de oro con el que se puede contar. Constante, tenaz, capaz de dar buenos consejos y hacer sacrificios por los demás. Su metabolismo es más rumiante que el de otros búfalos y sabe aceptar las vicisitudes de la vida sin dramatizar.

Personajes famosos

Sergio Puglia, Fernando Parrado, Ángeles Mastretta, Joaquín Sabina, Alan Gabriel Ludwig García Pérez, Meryl Streep, José Sacristán, Richard Gere, Paloma Picasso, Billy Joel, Jean Cocteau, Napoleón Bonaparte, Charles Chaplin.

BÚFALO DE METAL (1901-1961-2021)

De todos los búfalos, el de metal es el más temible y seguro de sí mismo; no le interesan las opiniones de los demás y resulta inflexible en sus determinaciones. Jamás duda cuando toma una decisión, y nada lo detiene. Como un bulldog despedaza todo lo que encuentra a su paso, pero es tan seductor que consigue sus objetivos con una rapidez asombrosa. No le teme al trabajo arduo, adora las responsabilidades y las tareas difíciles. Llegará a tener fama, poder y dinero; le gustará brillar en sociedad y será muy generoso con los seres que ama.

Personajes famosos

Barack Obama, Alfonso Cuarón, The Edge, Michael Fox, Louis Armstrong, Andrés Calamaro, Lee Strasberg, Walt Disney, Ingrid Betancour, Gary Cooper, Boy George.

BÚFALO DE AGUA (1853-1913-1973)

El búfalo más intuitivo y adaptable. Lleno de ideales y con una gran ambición, sabe aprovechar cualquier situación pues es muy calculador. Tiene su propia moral y se adapta fácilmente a nuevos conceptos si le permiten mejorar su situación material. Sutilmente obliga a los demás a aceptar sus deseos. Su realismo, tenacidad y paciencia le permiten afrontar todas las situaciones. Es capaz de emprender varios proyectos a la vez y como nadie sabe usar y abusar de la paciencia ajena. Hipersensible, capta como ninguno las ondas magnéticas y las convierte en positivas.

Personajes famosos

Belén Esteban, Burt Lancaster, Albert Camus, Vivian

Leigh, Alan Ladd, Zambayonny, Jane Wyman, Juan Manuel Gil Navarro, Bruno Stagnaro.

EL BÚFALO Y SU ASCENDENTE
O COMPAÑERO DE CAMINO

Búfalo ascendente Rata: 23.00 a 01.00
Es flexible, sociable y encantador. Bajo su aspecto de búfalo comprensivo privilegia sus intereses y puede ser avaro tanto con el corazón como con el dinero.

Búfalo ascendente Búfalo: 01.00 a 03.00
No deja de criticar y controlar todo lo que le ocurre. Nació para mandar y dar órdenes y no soporta que le desobedezcan. No es muy divertido, aunque aprecie el humor en los otros.

Búfalo ascendente Tigre: 03.00 a 05.00
Tiene la energía y la audacia del tigre más la solidez y la autoridad del búfalo. Carismático, frontal y apasionado, dejará todo si se enamora.

Búfalo ascendente Conejo: 05.00 a 07.00
Es un búfalo refinado, sibarita e intelectual; no cambiará de idea si no está totalmente convencido. Buscará la belleza y tendrá una familia muy prolífica.

Búfalo ascendente Dragón: 07.00 a 09.00
Es un prodigio de creatividad y fantasía. Triunfará si consigue escuchar los consejos de los demás. ¡Deje de escupir llamaradas por cualquier cosa cuando lo contraríen!

Búfalo ascendente Serpiente: 09.00 a 11.00
Fascinará al auditorio. Es solitario y misterioso y no le pide consejos a nadie. Sabe lo que quiere, y para conseguir sus fines es capaz de todo.

Búfalo ascendente Caballo: 11.00 a 13.00

Tiene talento, empuje y convicción en lo que hace. Muy seductor, sensual y hábil para los negocios, es una fiera cuando emprende algo con decisión. Por amor dará la vida.

Búfalo ascendente Cabra: 13.00 a 15.00

Un búfalo sutil, refinado y ambicioso que no dejará de lado las conexiones que tenga en la vida para lograr sus fines. Es romántico, nómada e imaginativo. Apuntará alto en materia de alianzas.

Búfalo ascendente Mono: 15.00 a 17.00

Es un gran *gourmet* de la vida. Aprovechará los contactos para concretar sus fines y hacer negocios brillantes. Se ríe de sí mismo, y encuentra la solución a los problemas.

Búfalo ascendente Gallo: 17.00 a 19.00

Un búfalo que necesita asesoramiento para tomar decisiones. Altivo, engreído y omnipotente, busca la aprobación de los demás. Tiene dones de orador y es eficaz en sus jugadas.

Búfalo ascendente Perro: 19.00 a 21.00

Le encanta encontrar errores en los demás y se dedica a dar consejos. Es leal, tierno, sociable; se puede contar con él para los momentos importantes.

Búfalo ascendente Cerdo: 21.00 a 23.00

Ama las alegrías de la vida cotidiana. Amable, gentil, desborda sensualidad y desmedida generosidad. Le encanta disfrutar de la vida material que se ha ganado honestamente.

CONJUGACIÓN DEL BÚFALO
CON EL HORÓSCOPO OCCIDENTAL

Búfalo Aries

Un espécimen muy peculiar; hay que llegar a su corazón

a través de la admiración y el trabajo apasionado. Enfrentará la vida con coraje y saldrá a defender sus creencias quijotescamente. Concentrado en su camino, es tenaz, perseverante y muy profundo en su manera de vivir y sentir. Es un búfalo ardiente que ama a los tiernos y a los audaces. Protegerá a su prole hasta con las pezuñas.

Búfalo Tauro

Es tan cabeza dura que hasta que no consigue concretar sus sueños y ambiciones no levanta la cabeza del piso. Tiene un corazón de oro, pero cuando lo traicionan es capaz de herir de muerte. Muy obsesivo, con lentitud, tenacidad y determinación consigue lo que desea. Ama la buena vida, una casa cálida, comer bien y cultivar la tierra. Es muy posesivo, celoso y sensual y adora a la familia.

Búfalo Géminis

Es una mezcla de densidad y liviandad; este búfalo no vuela pero consigue incursionar con éxito en la comunicación. Gran generador de ideas, aporta una gran dosis de originalidad a cada acto de su vida. Inquieto, ciclotímico, transgresor, es un gran animador de fiestas y eventos culturales. Muy susceptible, y capaz de almacenar rencor.

Búfalo Cáncer

Es un soñador. Si no se desilusiona demasiado, llegará a cumplir sus proyectos. Los obstáculos son su desafío y tiene pasta de organizador. Adora su hogar, lo cuida y protege con devoción. En la intimidad es un osito de peluche, pero en público esconde sus sentimientos. Sea prudente y leal con él: si no, sufrirá su olvido.

Búfalo Leo

Es el más fuerte, tenaz, realista y autoritario de todos los búfalos. Adora el poder y sabe ejercerlo. Tiene dominio sobre los demás y convence con su ejemplo. La palabra «imposible» no existe en su léxico. Si fracasa, intenta acusar a otros y no es proclive a hacerse responsable de sus actos.

Búfalo Virgo

Estable, materialista, escéptico y desconfiado, tiene miedo de que le roben su prado. Juzga a los otros y es muy exigente. Inseguro y desconfiado, pretende que los demás sean como él. Le cuesta bastante salir de la estructura en la que está inmerso. No se olvida jamás de sus deudas, y su honestidad es agobiante.

Búfalo Libra

Un ejemplar encantador, un artista que sabe gustar y ama ser sociable. Parece anticonvencional, pero es muy moralista y juzga severamente a los demás. Un gran sibarita, amante excepcional y muy generoso cuando se entrega espiritualmente. ¡Cuidado! No se le ocurra engañarlo.

Búfalo Escorpio

Este búfalo no tiene término medio. Ama u odia. Si él elige amarlo, será incondicional y lo defenderá toda la vida. Si lo odia, escóndase, cambie de país o de nacionalidad. Es un búfalo que no tiene reparos en decir todo lo que piensa y siente en cualquier momento.

Búfalo Sagitario

Un idealista que defiende la libertad y la justicia. Contagia a los demás con su entusiasmo y optimismo y promueve actos de gran interés popular. Se asegurará un porvenir material que le permita salir de paseo cuando lo desee. Arde en un fuego sagrado.

Búfalo Capricornio

Este búfalo es el más típico de su especie. Infatigable, trabajador, voluntarioso, lleno de convicciones inquebrantables que lleva a cabo sin prisa y sin pausa. Individualista, solitario y tímido, es difícil que alguien le altere su equilibrio ecológico. Dominante, posesivo, riguroso y obcecado, no se distrae de sus objetivos. Esconde sus sentimientos y le cuesta entregarse por miedo a que lo descubran.

Búfalo Acuario

Un búfalo soñador e idealista, lleno de ideas. Le cuesta asumir la realidad e inventa originales maneras de sobrevivir. Le gusta más el poder que el dinero y no se priva de nada que le dé placer. Para él la amistad es más importante que la pasión, que lo lleva al infierno tan temido. Es anticonformista y no sacrifica su independencia por nadie.

Búfalo Piscis

Se siente desdoblado. A causa de su frondosa imaginación a veces parece sumergido en un mundo irracional poblado de visiones extravagantes, y otras veces tiene necesidad de realidades para asegurarse. Frágil, creativo e intuitivo, su motor es siempre el afecto. Tiene una naturaleza mística y reservada.

EL BÚFALO EN EL AMOR

Búfalo y Rata

El búfalo necesitará la imaginación y la astucia de la rata, y la rata la solidez y la protección del búfalo. Es el complemento ideal para formar un hogar y hacer proyectos juntos. Se ayudarán e inspirarán y vivirán enamorados por los siglos de los siglos. Amén.

Búfalo y Búfalo

Dice la tradición china que dos búfalos bajo el mismo techo se matan, a menos que compartan el reinado de la casa. Tienen los mismos intereses y costumbres, y a veces esto los aburre profundamente; es imprescindible que salgan a buscar sus estímulos por vías diferentes.

Búfalo y Tigre

Se atraerán por sus diferencias. El tigre al principio estará feliz de haber encontrado una pareja responsable capaz de llevar las cuentas de la casa. El búfalo sufrirá con las irresponsabilidades del tigre, que reclamará pasión, aventura y magia, y preferirá su jungla a las comodidades que le ofrece su pareja.

Búfalo y Conejo

El conejo necesita placer, placer y placer; si el búfalo es el hombre de la pareja, se entenderán bien. El conejo lo domesticará y le brindará cariños y confort, y le enseñará a ser más flexible y diplomático. El búfalo aprecia los consejos del conejo y su sociabilidad le fascina; en cambio, toma decisiones por él, pues lo irrita la inestabilidad del conejo. Deberán hacer un curso de adaptación para mantener la relación.

Búfalo y Dragón

Mientras el dragón desorganiza, el búfalo tratará de organizar. Actúa con método, orden, y adora el brillo del dragón, aunque no pueda seguirlo en sus delirios. Cada uno aprecia del otro sus propias falencias. El dragón deberá tener una vida laboral muy divertida para compensar las noches de diario y pantuflas.

Búfalo y Serpiente

Esta unión es una biblia. La serpiente ama el confort, el lujo y la seguridad, y sabrá que el búfalo le brindará su protección incondicional y su cuenta bancaria. Ambos se estimularán y sentirán admiración por el otro. Habrá viajes, hijos, celos y muchos momentos inolvidables. Una pareja excepcional.

Búfalo y Caballo

No están hechos para galopar juntos. Hay amor incondicional del búfalo y egoísmo despiadado del caballo por imponer sus caprichos. Las diferencias son existenciales. Cuando el búfalo luche por su intimidad, el caballo buscará afuera lo que no encuentre dentro de la casa.

Búfalo y Cabra

Son opuestos complementarios. La cabra es sentimental, fantasiosa e imaginativa, gastadora, débil y sufre de angustia, y el búfalo es su contrapartida. Buscarán complementarse sentimental, social y sexualmente. El búfalo le pedirá orden y la cabra reclamará a gritos más ternura.

Búfalo y Mono

El mono hechiza y divierte al búfalo, aunque no comparta su filosofía de vida. Tendrán mucho en común porque ambos son independientes y tienen vida interior. Habrá que ceder el mando de vez en cuando y no ocultar los secretos. Les gusta el dinero y tienen buen ojo para los negocios.

Búfalo y Gallo

Tienen gustos en común. Trabajadores, meticulosos, pueden realizar proyectos juntos y divertirse. El búfalo acepta la personalidad del rey del gallinero y lo deja cantar en paz. Aman las cosas simples de la vida, son muy audaces en su manera de encararla y adoran el escándalo. El gallo estará muy contento si el búfalo toma las riendas del hogar.

Búfalo y Perro

El búfalo ama infinitamente la lealtad del perro. Al perro le hace falta la estabilidad de este búfalo fiel, pero su necesidad de comunicación y contacto social le impide conectarse profundamente con el ermitaño buey. No serán nunca felices aunque se aprecien y se ayuden mutuamente, porque el búfalo no puede brindarle las manifestaciones de afecto que el perro precisa.

Búfalo y Cerdo

Tienen cualidades comunes: la paciencia, la seriedad y la

honestidad. Son pacíficos, sibaritas, y aman compartir la vida con amigos. Para perfeccionar la pareja el cerdo necesitaría que el búfalo no le exigiera tanto y se tomara la vida de un modo más tranquilo.

EL **BÚFALO** EN LA AMISTAD

Búfalo y Rata
Si el búfalo abre las compuertas a la vida sentirá que la imaginación de la rata le da alegría de vivir. Ella buscará el apoyo incondicional del búfalo en todo lo que decida hacer.

Búfalo y Búfalo
Les costará congeniar y uno querrá imponerse al otro. Con inteligencia y sutileza podrán afilar las diferencias y ayudarse mutuamente.

Búfalo y Tigre
No. El búfalo es desaconsejable para el tigre; le cae sumamente indigesto.

Búfalo y Conejo
El búfalo se divierte y necesita de la frivolidad del conejo, que ama su protección e incondicionalidad.

Búfalo y Dragón
Hay choques de personalidad. El búfalo se siente invadido por el dragón y sus aires de dominancia, que terminan por irritarlo.

Búfalo y Serpiente
Podrán estar toda la vida compartiendo los mismos gustos por el arte y el deporte. Se entenderán profundamente y se divertirán a expensas de los demás.

Búfalo y Caballo

No tienen ni los mismos gustos ni la misma forma de pensar. Que cada cual atienda su juego.

Búfalo y Cabra

Tendrán chispazos de entendimiento y luego no se soportarán. La cabra abusará del búfalo y no tendrá límites en sus pedidos.

Búfalo y Mono

Al búfalo lo hipnotiza el mono, que se siente halagado por esta admiración. Pueden hacer planes juntos y llegar a compartir la vida entre risas y llantos. Se necesitan mucho.

Búfalo y Gallo

Pueden ser excelentes amigos. Darán la vida el uno por el otro.

Búfalo y Perro

Saldrán a pasear o al cine, y jugarán a la canasta toda la vida. El búfalo se consolará en el hombro del perro cuando tenga angustia existencial.

Búfalo y Cerdo

Si dosifican el encuentro, la cosa puede marchar. Deberán defender su territorio con uñas y dientes, y no invadirse la granja.

EL BÚFALO EN LOS NEGOCIOS

Búfalo y Rata

La honestidad y el esfuerzo del búfalo pueden ser explotados por la rata.

Búfalo y Búfalo

Tendrán la oportunidad de construir un imperio y luego derribarlo. Deben procurarse una reserva y asesorarse con buenos abogados antes de actuar impulsivamente.

Búfalo y Tigre

El búfalo enfrentaría al tigre y lo destruiría antes de que pudiera sugerir alguna idea laboral. Una asociación catastrófica; mejor evitarla.

Búfalo y Conejo

El conejo abusará de la fortaleza y la generosidad del búfalo y pretenderá que trabaje por él. Con mucha suerte, si el búfalo no se deja marear, llegarán a ganar dinero.

Búfalo y Dragón

Habrá problemas de poder. Ambos son poderosos y apuntan a diferentes blancos; el dragón hacia el cielo y el búfalo hacia la tierra. A veces se rozan, aunque no hagan buenos negocios.

Búfalo y Serpiente

Pueden intentarlo por *hobby*, pero juntos nunca ganarán dinero. La serpiente quiere todo para sí, y el búfalo no se asociará aunque lo seduzcan con el vil metal.

Búfalo y Caballo

Es una buena asociación. El caballo aporta talento e imaginación, y el búfalo arduo trabajo y la responsabilidad del resultado final.

Búfalo y Cabra

Deben evitar la tentación de imaginarse ricos y famosos. La cabra haría desastres con el capital del búfalo y hasta lo despilfarraría sin culpa.

Búfalo y Mono

El mono no tendrá piedad para usufructuar al búfalo y proponerle negocios fáciles e inescrupulosos. A veces conseguirán pescar un pez gordo que los alimentará por un buen tiempo y con el que podrán hacer nuevas inversiones.

Búfalo y Gallo

Mucho trabajo y poco beneficio. El búfalo tiene que trabajar por dos y hacerse cargo de los delirios financieros del gallo.

Búfalo y Perro

Estarán pensando en sacar provecho antes de empezar a actuar. Les faltará entusiasmo y fe para jugarse en un negocio.

Búfalo y Cerdo

Se complementarán y sacarán el mayor rendimiento posible el uno del otro. Son honestos, ambiciosos, y la plata les encanta más que respirar.

RELACIÓN PADRES E HIJOS

Padre Rata hijo Búfalo

Sí, a pesar de lo que diga la rata, el búfalo le presta atención. La rata se sentirá juzgada todo el tiempo, pero con tanto amor el búfalo se sentirá seguro.

Padre Búfalo, hijo Búfalo

Una combinación difícil de metabolizar y complicada para convivir bajo el mismo techo. El hijo se rebela, pero acaba sometiéndose a menos que se independice muy joven.

Padre Tigre, hijo Búfalo

El búfalo es el único animal que puede embestir al tigre. Queridos progenitores, dejen ustedes el hogar si no quieren perecer en él.

Padre Conejo, hijo Búfalo

El conejo contempla a su hijo con asombro e inquietud. En realidad no lo tiene muy asumido; si no, alteraría su envidiable equilibrio.

Padre Dragón, hijo Búfalo
El introvertido búfalo trata de satisfacer al ostentoso dragón. Se amarán en silencio.

Padre Serpiente, hijo Búfalo
La serpiente, con toda su sabiduría, trabajosamente hace lo que está a su alcance; sin embargo, no es fácil seducir al joven búfalo pues no se deja contaminar ni sobornar a ningún precio.

Padre Caballo, hijo Búfalo
Muy difícil. Cuando el caballo quiera salir a buscar su libertad, el búfalo no se lo perdonará jamás. Sus principios morales y familiares no admitirán semejante acto de desapego.

Padre Cabra, hijo Búfalo
Un abismo los separa; distintas ideas y formas de ver el mundo. Incompatibilidad y peleas de conventillo.

Padre Mono, hijo Búfalo
El mono cree en su hijo búfalo; le da fuerza, entusiasmo y seguridad. Le sacará el mayor provecho posible.

Padre Gallo, hijo Búfalo
Relación muy positiva y de gran complicidad. Mutarán los roles y mandarán un día cada uno.

Padre Perro, hijo Búfalo
Difícil entendimiento. Se enjuician mutuamente con severidad y sin indulgencias. Ambos poseen distintas sensibilidades.

Padre Cerdo, hijo Búfalo
Aunque cada uno tiene su propia moral, se respetan y se quieren, el búfalo se mantiene reticente.

CÓMO LE VA AL BÚFALO
EN LOS DIFERENTES AÑOS

Año de la Rata

El búfalo tiene suerte, llena su alcancía. Agranda su prado, le ofrecen un ascenso. Es centro de fiestas y reuniones, y cosecha éxitos laborales.

Año del Búfalo

Es el gran jefe del año. Toma decisiones, se casa, se asocia, todo le sale bien. Los demás lo aplauden y aprueban. El búfalo puede dejar su pradera para irse de viaje.

Año del Tigre

Como se sabe, luchar con un tigre no es algo sencillo; deberá tener paciencia y no precipitarse en las jugadas. Le conviene ser más paciente que de costumbre y aprovechar este año para resolver una situación sentimental que lo perturba.

Año del Conejo

Se sentirá un poco molesto. Puede quedarse sin parte de su prado si no desconfía de lo fácil. Tendrá que perder algo para evolucionar y mantener la calma.

Año del Dragón

El búfalo se convertirá en un esclavo del trabajo: deberá acudir a préstamos y amigos que lo ayuden económica y anímicamente. Necesitará mucha paciencia y sabiduría para no salir del Tao.

Año de la Serpiente

Podría enterarse de la traición de un socio o de su pareja. Deberá mantener la calma y no descuidar los negocios, que se acrecentarán maravillosamente. Un viaje lo descongestionará.

Año del Caballo

Nada estará muy claro. Lo perturbarán problemas afectivos o financieros; deberá apelar a su sabiduría para no desequilibrarse. Deje libre su corazón y siga su latido.

Año de la Cabra

Se sentirá más cómodo y despreocupado que nunca con la familia; se relajará y delegará responsabilidades. Podrá enamorarse nuevamente y empezar una nueva vida. Tendrá noticias y hará buenas inversiones.

Año del Mono

Un tiempo de prosperidad y de renovación. Estará más sociable y carismático, y la gente lo reclamará. Reinará en su profesión y romperá corazones.

Año del Gallo

Las riendas del éxito están en sus manos. Tiene claridad en sus objetivos y toma decisiones brillantes. Tal vez lo desilusione un amigo o un ser querido.

Año del Perro

El búfalo dramatiza los acontecimientos. Se sentirá decepcionado, agobiado y aburrido. Tal vez lo altere alguna separación o crisis familiar: retorne a su profesión.

Año del Cerdo

Tiempo de cambios bruscos y precipitados. Deberá improvisar sobre la marcha y adaptarse al tiempo que corre. Será un año positivo aunque lo perturben problemas familiares. Aparecerán sabrosas oportunidades que deberá estudiar en el futuro.

Búfalo de tierra

Joaquín Sabina

Búfalo de fuego

Martina Stoessel

Tigre

Tigre

TODO O NADA

....

Ficha técnica
Nombre chino del tigre: HU
Número de orden: TERCERO
Horas regidas por el tigre: 03.00 a 05.00
Dirección de su signo: ESTE-NORDESTE
Estación y mes principal: INVIERNO-FEBRERO
Corresponde al signo occidental: ACUARIO
Energía fija: MADERA
Tronco: POSITIVO

Eres tigre si naciste
26/01/1914 - 13/02/1915
TIGRE DE MADERA
13/02/1926 - 01/02/1927
TIGRE DE FUEGO
31/01/1938 - 18/02/1939
TIGRE DE TIERRA
17/02/1950 - 05/02/1951
TIGRE DE METAL
05/02/1962 - 24/01/1963
TIGRE DE AGUA
23/01/1974 - 10/02/1975
TIGRE DE MADERA
09/02/1986 - 28/01/1987
TIGRE DE FUEGO
28/01/1998 - 15/02/1999
TIGRE DE TIERRA
14/02/2010 - 02/02/2011
TIGRE DE METAL

Esperé tanto en la vida;
mientras tanto hice poesías,
amé la sucesión de los días
y sus consecuencias...

Hice algunas cosas,
no demasiadas,
como si fuera una usina.

Conocí gente extraordinaria,
les hablé, los toqué, los amé;
intercambiamos.

Siempre tuve sueño profundo
y algún barco apareciendo
en los mares de la vigilia.

Dejé correr pintura
en las puertas y ventanas
para sentirme imperfecta,
y no desaproveché el silencio
y sus profecías.

Hice un paquete
con los complejos
y los tiré por la ventana.

Caminé paso a paso
por la calle,
agradeciendo ser sana,
indefensa y humana.

L. S. D.

LA PERSONALIDAD DEL TIGRE

Que se sepa: siempre tengo un tigre cerca en mi vida. Por ser opuestos complementarios tenemos algo en común: pasión para vivir. Es casi un radar lo que me atrae al tigre; los reconozco apenas los veo entrar en un lugar. «¡Al fin un cómplice! –pienso–, para reírme, bailar, delirar, imaginar, construir, partir a la aventura».

El tigre no esconde lo que le pasa y se muestra tal como es, aunque hay tigres sutiles. Sus virtudes y defectos están exaltados; es ardiente, dinámico, audaz, impulsivo, activo. En él la emoción domina a la razón. Imposible imponerle límites, la libertad es su llama sagrada y si se la cortan se convertirá en un ser frustrado. Su temeridad roza la inconsciencia; con alma de kamikaze toma riesgos por placer y para llamar la atención.

Este idealista cree en el honor, en los mitos, en los príncipes y en las princesas. Sufre y se desangra por una realidad que es incompatible. Será D'Artagnan, y defenderá con capa y espada la justicia y el honor. Se arriesgará en cada acto de su vida y vivirá a pleno, como si fuera su última acción antes de caer vencido.

Debajo de estos aspectos brillantes, el tigre desea que lo alienten. La aprobación y el amor de los demás le resultan indispensables. Adora mandar y detesta obedecer. La vida cotidiana no le es fácil de transitar; prefiere las emociones y los grandes saltos hacia la presa indicada. Es muy ciclotímico, pero si quiere puede hacer grandes sacrificios. Su existencia es imprescindible en este mundo de colores grises. Las rayas del tigre se consideran fastuosas en China, donde se lo estima fundamental para protegerse de los ladrones, los fantasmas y el fuego; los niños llevan un sombrero con la forma de una cabeza de tigre para ahuyentar a los malos espíritus que se los quieran llevar. Su existencia será intensa: vivirá al borde de la muerte y solo será feliz cuando esté en situaciones límite.

EL TIGRE Y EL TRABAJO

Nació para ser su propio patrón. La relación de dependencia lo apaga y lo inhibe; jamás podrá desarrollar su talento si tiene que obedecer a otros. Convence a los demás por su entusiasmo y su lenguaje. Es un vendedor fuera de serie. Se apasiona con lo que hace; no nació para coleccionar años para la jubilación ni para cumplir horarios. Se ríe de las jerarquías, y se compromete e involucra cuando actúa. Le gustan los riesgos y considera el trabajo como una aventura excitante.

EL TIGRE Y EL DINERO

El dinero le quema en las manos; cuando lo tiene es suntuoso, generoso y despilfarrador. Se embarca en todo tipo de empresas por el solo placer de actuar y crear, no para ganar dinero. No duda en rifar su seguridad, su piscina, su casa y su confort para empezar una nueva aventura. Jamás transa, ni siquiera para enriquecerse. Si lo hace, sentirá culpa por ese dinero y lo malgastará. Tiene intuición para ganar plata y encuentra más rápido que los otros las soluciones y las ideas. Adora el lujo; al envejecer aprende dónde estaban sus intereses.

EL TIGRE Y SUS AMORES

Sus amores no son serenos; no le agradan las medias tintas. Apasionado, romántico, intrépido, necesita admirar e idealizar a su pareja; quiere un ser mítico que lo hipnotice y le proponga aventuras fascinantes. La rutina lo aburre, y en general prefiere calidad a cantidad. Es muy antojadizo, necesita magia e imaginación en la relación. Le encantan los inicios del romance, los despertares alegres y los poemas de Walt Whitman leídos por su ser amado en voz alta. Es capaz de grandes sacrificios cuando ama y será muy buen perdedor si la pareja se termina.

Para seducirlo hay que poder partir al Amazonas sin valijas, ser imprevisible, distinto cada día, no aburrirse jamás, ofrecerle hectáreas de jungla, bailar merengue y llenarlo de besos.

EL TIGRE Y LA FAMILIA

La vida familiar no es lo que más lo fascina en la tierra, pero si ya fue atrapado y se decide a asumir las responsabilidades puede generar muchos estímulos. Es el jefe de la tribu, y muy querido, a pesar de ser anticonvencional. Le costará hacerse cargo de los problemas y enfrentarlos; preferirá irse y dejar que los resuelvan los demás.

EL TIGRE Y SU ENERGÍA

TIGRE DE MADERA (1854-1914-1974)

Es el más diplomático de todos los tigres y llega a cumplir sus objetivos por su perseverancia y ambición. Su encanto y entusiasmo atraen a los demás; su compañía es muy buscada y se mueve con soltura en diferentes ambientes. Sabe manipular a la gente que lo rodea, y no le importa delegar asuntos cuando se aburre. Es el rey de la improvisación, capaz de organizar las mezclas de gente más exóticas y divertidas. No se puede contar con él para los asuntos que son difíciles de solucionar.

Personajes famosos

Adolfo Bioy Casares, Julio Cortázar, Marguerite Duras, Gabriela Mistral, Romain Gary, Arthur Kennedy, Pierre Balmain, Richard Widmark, Alec Guiness, Oscar Wilde, Robbie Williams.

TIGRE DE FUEGO (1866-1926-1986)

Su energía incendia a quien se le acerque; no se queda quieto jamás. Imprevisible, anticonvencional e independiente, emana un halo de autoridad que subyuga. Tiene el don de la dialéctica y es líder; la gente sigue incondicionalmente sus propuestas. Está absolutamente convencido de lo que hace y jamás retrocede. Optimista, vital y apasionado, se juega la vida en cada acto. Es un gran defensor de los derechos humanos.

Personajes famosos

Rafael Nadal, Lady Gaga, Miles Davis, Alberto de Mendoza, Dalmiro Sáenz, Klaus Kinski, Mel Brooks, Jerry Lewis, Marilyn Monroe.

TIGRE DE TIERRA (1878-1938-1998)

Un tigre tranquilo y confiable; sus negocios son realistas, evita las conclusiones apresuradas y es defensor de la igualdad y la justicia. Busca la verdad y ve los problemas tal como son, sin dejarse influenciar por la emotividad. Es más prudente que temerario y aplica sus conocimientos en función del éxito. Cuando llega a la cima puede tener sed de venganza y ser muy arbitrario con los demás.

Personajes famosos

José Argüelles, Romy Schneider, Alan Watts, César Luis Menotti, Leonardo Favio, Pérez Celis, Nathalie Wood, Roberta Flack, Tina Turner, Isadora Duncan.

TIGRE DE METAL (1890-1950-2010)

Este tigre se destacará en algo de lo que decida emprender, pues es muy ambicioso, sagaz e impaciente. Necesita proyectar su imagen hacia el exterior y ser reconocido. Para lograr sus objetivos no tiene reparos en derribar las vallas que aparezcan en su camino. Muy franco, dice lo que piensa y es despiadado con la susceptibilidad ajena. Cuando un proyecto le gusta hace todo con pasión y por su naturaleza competitiva y su impaciencia no descansa. Tiene suerte y odia perder. En las relaciones afectivas se compromete apasionadamente.

Personajes famosos

Carlos Gardel, Marcela Tinayre, Stevie Wonder, Laurie Anderson, Helen Hayes, Stan Laurel, Michael Rutherford, Tony Banks, Peter Gabriel.

TIGRE DE AGUA (1902-1962-2022)

Es el más tranquilo, humanista y pacífico de todos. Está abierto a nuevas propuestas e ideas y puede ser diplomático cuando necesita conseguir algo. Muy intuitivo, sabe escuchar y tiene el don de la comunicación. Relacionarse con él resulta maravilloso. Sabe juzgar y apreciar las situaciones en su justo valor. Es lúcido y controla sus emociones. Posee una inteligencia superior que le facilita alcanzar todo lo que se propone. Debe tener más autoestima y apostar a sí mismo. Triunfará.

Personajes famosos

Tom Cruise, Ian Astbury, Tracy Austin, John Steinbeck, Jodie Foster, Simón Bolívar, Ivo Cutzarida.

EL TIGRE Y SU ASCENDENTE
O COMPAÑERO DE CAMINO

Tigre ascendente Rata: 23.00 a 01.00

Es un tigre juguetón al que le gusta mostrar las garras. Realista, leal, entusiasta y afectuoso, se juega por amor. La rata lo hará menos despilfarrador.

Tigre ascendente Búfalo: 01.00 a 03.00

Es un gran individualista; muy seductor, activo y realista. Tiene paciencia para terminar sus proyectos. Su tenacidad es legendaria, y su entusiasmo, apabullante.

Tigre ascendente Tigre: 03.00 a 05.00

Vivirá al borde del peligro. Terriblemente impulsivo, lleva una vida agitada y movida. Es imprevisible, de humor muy cambiante, y se rodea de gente excepcional. Lo aburre la rutina.

Tigre ascendente Conejo: 05.00 a 07.00

Un tigre diplomático. Hábil y sagaz, sabe controlar sus impulsos primitivos y caer bien parado. Hay que desconfiar de ese ronroneo de gato que esconde un fuego que devora.

Tigre ascendente Dragón: 07.00 a 09.00

Saca las garras y escupe fuego. Tiene una ambición despiadada; no pasa inadvertido. Desconfiado, espléndido y generoso, es el rey de la selva. Pagará caro su brillo.

Tigre ascendente Serpiente: 09.00 a 11.00

Tendrá la virtud de conocer a su adversario y seducirlo. Paciente, astuto y diplomático, hace trampa sin que se note mucho. Tendrá suerte con la plata.

Tigre ascendente Caballo: 11.00 a 13.00

Le costará asumir responsabilidades y ser constante. Adora las situaciones peligrosas y se expone en cada acto de su vida. Por amor es capaz de morir y matar.

Tigre ascendente Cabra: 13.00 a 15.00

Será un tigre hábil y esconderá sus garras; hasta es capaz de tejer, tocar el piano y hacer un pastel. Artista y soñador, vive convencido de que cambiará el mundo. Es celoso y posesivo a la hora de la verdad.

Tigre ascendente Mono: 15.00 a 17.00

Este tigre es invencible. El mono le enseña miles de ardides y astucias. Capaz de emprender lo que se le antoje, conseguirá tener éxito porque es irresistible.

Tigre ascendente Gallo: 17.00 a 19.00

No le gusta pasar inadvertido y hace de todo para evitarlo. Orgulloso, quiere ser el primero y brillar. Muy narcisista, espera que todos sean como él.

Tigre ascendente Perro: 19.00 a 21.00

Afilará la lengua para hacerse oír y respetar. Reflexivo, realista, honesto y fiel; ve más allá que los demás. No se fía de las apariencias, y sabe muy bien que en el fondo el éxito y los objetos son efímeros.

Tigre ascendente Cerdo: 21.00 a 23.00

Es gentil y tierno, se sacrifica por su hijitos y defiende a su familia. Muy personal en su manera de encarar la vida. No hay que provocarlo pues tiende a sacar las garras. Lo horroriza que invadan su intimidad o lo molesten.

CONJUGACIÓN DEL TIGRE
CON EL HORÓSCOPO OCCIDENTAL

Tigre Aries

The sky is the limit. Su vida es acción, no se toma el tiempo para reflexionar y se juega en lo que hace. Le cuesta ser objetivo, autoanalizarse y reconocer sus propios errores. Sus ataques de cólera serán feroces, no esperará a nadie e impondrá siempre su voluntad. Uno se siente fascinado, conquistado y agotado a la vez. Es transparente.

Tigre Tauro

Este tigre es admirable, pues concreta todos sus planes exitosamente. Pone todo su coraje, talento y energía en sus obras y sabe ganar dinero fácilmente. Conservador y tradicional, es a la vez tierno y testarudo. Sensual, ama las alegrías de la vida y es generoso con los suyos. No se ría de él: es vengativo, rencoroso y un adversario temible cuando tiene a alguien en la mira.

Tigre Géminis

Imposible pedirle constancia a este tigre inestable, genial y carismático. Es incapaz de quedarse cinco minutos en el mismo lugar. Tiene miles de ideas y proyectos, se involucra en empresas sin evaluarlas ni planificarlas, y siempre queda insatisfecho. Es irresistible en su manera de encarar un romance y si no tiene amor puede suicidarse como Marilyn Monroe.

Tigre Cáncer

Después de estar en la jungla peleando necesita una casa

con chimenea para echarse y ronronear. Es el más doméstico de todos; adora pasar horas junto a los suyos. Hipersensible, emotivo y tierno, es ciclotímico, pero se repone fácilmente cuando lo estimulan y alientan. Solitario, sedentario, anticonvencional y un poco díscolo, siempre necesita volver a sus raíces antes de retornar con bríos a la caza.

Tigre Leo

No es tan temible como lo imaginan. Inseguro, inconstante, orgulloso, noble y desequilibrado, su multifacética personalidad atrae y desconcierta. Es capaz de jugarse entero por los que quiere y cuidarlos de los peligros como una fiera. Su sentido del humor es su principal virtud y a él apela en situaciones límite.

Tigre Virgo

Este tigre es reflexivo, organizado y perseverante. Trabaja hasta el agotamiento y nunca se queja. Tiene equilibrio, lucidez, sensualidad y talento para ganar dinero. Estará al acecho de la presa, y si le gusta, la comerá a besos.

Tigre Libra

Es un tigre que piensa en el amor, los sentimientos y la belleza. Vive por su pareja, y si lo dejan sufrirá toda la vida. Frágil, vulnerable, artista, no soporta perder. Un gran especulador que consigue ganar mucho dinero y gastarlo sin complejos. Nómada, recorrerá el mundo en pos de una ilusión.

Tigre Escorpio

Un tigre que conoce todo sobre usted y los demás y no cae en ninguna trampa. Es un supertigre en potencia, si se autovalora llegará a la cima. Parece indefenso, gentil y amistoso, pero no lo crea inofensivo: es el más temible de todos. Individualista, apasionado, curioso, talentoso, extremista, hosco, ambicioso, combativo; nada recomendable como enemigo.

Tigre Sagitario

El más idealista de los tigres. Necesita horizontes, espacios, descubrir nuevas junglas. Odia lo cotidiano, se muere de aburrimiento, no puede estar enjaulado ni cinco minutos porque se vuelve loco. Un poco mítico, tiene necesidad de conquistas, de causas para defender. Como Don Quijote, sueña con cambiar el mundo y a veces lo logra. Su juventud dura eternamente y es un compañero alegre, optimista e impetuoso, aunque imprevisible. Según su humor, puede ser divertido o un moralista a ultranza.

Tigre Capricornio

Un tigre de hielo, difícil de modificar. Omnipotente, nos observa desde las alturas y analiza cada cosa con una lupa. Tiene necesidad de concretar todos sus sueños; incorruptible, exigente, ama los desafíos y llega hasta el final. Para funcionar le hace falta seguridad material, y trabaja como una hormiga para lograr sus metas. Él ama u odia.

Tigre Acuario

Este tigre idealista sueña con un mundo mejor; se compromete y participa cuando lo reclaman. Es un defensor de los oprimidos. Lo apasionan los problemas sociales y políticos y busca seguidores para su causa. Vive en el futuro, necesita libertad, no soporta presiones y es transgresor. La familia tendrá que seguirlo por el mundo o esperar a que él regrese.

Tigre Piscis

Este tigre es mitad pescado y mitad gato. Usa guantes de terciopelo y, para lograr sus fines, su propia psicología. Es difícil de conseguir; no se deja atrapar ni poseer. Artista, imaginativo, sueña con un mundo mejor. Encantador, tierno y altruista, se pelea por causas perdidas de antemano. Adora dramatizar; no puede crecer si no es en la creación artística. Necesita cerca de él gente realista que lo ayude a concretar sus planes: titila, ruge menos que los otros, pero conserva sus garras.

EL TIGRE EN EL AMOR

Tigre y Rata
Si la rata deja que el tigre concrete sus aventuras y no lo absorbe, pueden durar juntos toda la vida: se sentirán atraídos sexualmente.

Tigre y Búfalo
Solo para creer en los milagros. Son tantas las diferencias, que tendrían que hacer un curso de adaptación para sobrevivir.

Tigre y Tigre
Al principio será una loca pasión, pero ninguno de los dos acepta esperar al otro en el hogar o jugar un papel secundario. Son gastadores y no pueden contenerse. Necesitan libertad y los dos quieren mandar. Difícil convivencia.

Tigre y Conejo
Dos animales desconfiados que tratarán de buscar algo que los una. Al conejo lo atrae la temeridad, imprudencia y osadía del tigre, al que le queda cómodo el placer que le suministra el conejo para vivir.

Tigre y Dragón
El rey del cielo y el de la tierra, juntos, son una pareja espectacular. Apuestan a lo grande y tienen energía para fundar un imperio. Se ayudarán mutuamente en sus emprendimientos. La acción los exalta, pero a veces la competencia les impide llegar hasta el final. Desmesurados, apasionados, arden juntos.

Tigre y Serpiente
Tienen distinta filosofía para encarar la vida. Al principio la serpiente se sentirá atraída por la personalidad del tigre, pero a la larga se burlará de sus consejos y lo sentirá como aprovechador. El tigre, después de las horas ardientes en el lecho, notará la hipocresía y el materialismo de la serpiente.

Tigre y Caballo

Se complementarán y ayudarán mutuamente. El tigre brillará, y el caballo lo aconsejará y encauzará su energía para ponerla al servicio de fines concretos. Ambos poseen una vitalidad desbordante; se estimulan, adoran y admiran. El caballo enamorado se adapta al estilo imprevisible del tigre. Los dos se hacen concesiones y se gustan infinitamente.

Tigre y Cabra

El tigre se deleita con la carne de la cabrita y se siente fascinado por sus caprichos y propuestas. La cabra admira ciegamente al tigre, que tiene coraje y le propone aventuras. El drama comenzará cuando la cabra busque apoyo material y lujos y el tigre prefiera hacerle el amor a la luz de la luna en una playa.

Tigre y Mono

No hablan el mismo idioma aunque se atraen locamente. Los dos son brillantes, audaces y competitivos. Necesitan su espacio y su tiempo para desarrollarse sin interferencias. El tigre sufre con el humor del mono, que goza martirizándolo.

Tigre y Gallo

No es fácil: al tigre lo gobierna la emoción, y al gallo la razón. Al gallo le gusta exhibirse de la mañana a la noche, cacarear y criticar todo; el tigre es demasiadoególatra para cederle el escenario a otro. Se atraen, pero no se soportan mucho tiempo.

Tigre y Perro

En la teoría china esta pareja es la ideal. Cuando la trasladamos a Occidente, descubrimos que estos dos idealistas tienen el deseo de luchar y defender a los débiles y oprimidos, pero se entusiasman, dejan de lado sus principios, y se pierden el respeto. Arderá el fuego de la pasión al principio y después se tirarán los platos por la cabeza.

Tigre y Cerdo
Sabrán complementarse. El tigre buscará apoyo en la protección, el cariño y la sinceridad del cerdo, que admirará el coraje y la improvisación del tigre para vivir. El tigre se domesticará un poco y apreciará el respeto de su pareja para verlo brillar. La única zozobra: que el tigre abuse del amor del cerdo y lo traicione.

EL TIGRE EN LA AMISTAD

Tigre y Rata
Si no se reprochan asuntos privados y comparten equitativamente la vida, podrán contar con el otro y pasarlo bien.

Tigre y Búfalo
Nunca podrán relajarse y entregarse aunque muchas veces se sientan capaces de hacerlo.

Tigre y Tigre
Podrán compartir un safari, una revolución o una película, pero nunca el mismo techo.

Tigre y Conejo
Un dúo invencible. Estimularán sus virtudes y enfrentarán con sentido del humor los momentos difíciles. El conejo divertirá y protegerá al tigre y este lo invitará a pasear por el mundo, a condición de que el conejo pague las cuentas.

Tigre y Dragón
Se complementarán, y en general serán muy útiles el uno para el otro.

Tigre y Serpiente
Jamás se entregarán. Desconfían y no comparten el mismo punto de vista. A otra cosa, mariposa.

Tigre y Caballo

Discutirán, viajarán, contarán con la lealtad del otro en las situaciones límite. Será una amistad para toda la vida.

Tigre y Cabra

No está demasiado claro lo que podrían hacer juntos. La cabra proyecta, el tigre realiza.

Tigre y Mono

Se divertirán, imaginarán y viajarán juntos compartiendo momentos inolvidables. Los dos son inteligentes como para cuidar la relación; en las buenas y en las malas cuentan con el otro.

Tigre y Gallo

Se mirarán con recelo y buscarán una afinidad debajo del nivel del mar. Serán vecinos ideales.

Tigre y Perro

Amistad eterna. La causa de uno será la del otro. Se divertirán y crecerán juntos.

Tigre y Cerdo

Se entienden muy bien, aunque el cerdo deberá tomar algunas precauciones.

EL TIGRE EN LOS NEGOCIOS

Tigre y Rata

La rata meterá al tigre en laberintos imposibles de desentrañar y lo hará responsable de sus ideas.

Tigre y Búfalo

Ni lo intenten. El búfalo destruye al tigre aunque sea el que carga con más riesgos y responsabilidades.

Tigre y Tigre
Terminarán magullados y deberán buscar a alguien que los saque de la cárcel.

Tigre y Conejo
Un dúo que se complementará para lograr el máximo rendimiento. El conejo es intuitivo y astuto, y el tigre, temerario.

Tigre y Dragón
Buena unión. Habrá dinero, prestigio y creatividad.

Tigre y Serpiente
No. Nunca se pondrán de acuerdo. Eviten acercarse.

Tigre y Caballo
Sacarán chispas, pero realizarán buenos negocios juntos y ganarán dinero.

Tigre y Cabra
Solo si aparece un tercero que haga de mediador entre estos delirantes.

Tigre y Mono
Que el tigre desconfíe de la astucia del mono, y este, de la fuerza del felino.

Tigre y Gallo
No podrán llegar a la primera charla sin haberse disparado con un rifle. No apuntan a los mismos objetivos.

Tigre y Perro
El negocio es estar juntos en la vida. Lo demás, mejor olvidarlo.

Tigre y Cerdo
El tigre, tan generoso e inconsciente, es un peligro para el financista cerdo, que confía ciegamente en él.

RELACIÓN PADRES E HIJOS

Padre Rata, hijo Tigre
Los padres rata no soportan a los hijos tigre. No los retienen ni con el león Clarence en el jardín de su casa.

Padre Búfalo, hijo Tigre
¡Imposible! El tigre debe abandonar el hogar lo más pronto posible, a cualquier precio.

Padre Tigre, hijo Tigre
Dificilísimo. Si los padres son tigres, en el año de ese signo hay que pensar en algún método anticonceptivo.

Padre Conejo, hijo Tigre
Las cosas no andan del todo mal, algo de buen humor los puede ayudar, aunque eso hiera en su amor propio al tigre.

Padre Dragón, hijo Tigre
Muy buena relación. El dragón goza de cierto prestigio junto al tigre y es escuchado por él.

Padre Serpiente, hijo Tigre
La serpiente sufre con su hijo tigre porque es imposible de encauzar. Deberá usar toda su sabiduría para conocerlo.

Padre Caballo, hijo Tigre
Las cosas marchan bien, el caballo deja en libertad al tigre y lo quiere mucho, pero también necesitan ponerse en contacto.

Padre Cabra, hijo Tigre
Entendimiento imposible. El tigre puede devorar a la cabra haciéndose el distraído.

Clarence: uno de los personajes de *Daktari*, una serie estadounidense que se transmitió por CBS entre 1966 y 1969.

Padre Mono, hijo Tigre

Estarán movilizados e interesados el uno por el otro. La astucia del mono se equilibrará con la fuerza del tigre. Saldrán adelante.

Padre Gallo, hijo Tigre

El gallo es cuestionado y exigido sistemáticamente por el tigre inquieto. Tensión permanente en esta dupla que ama sobresalir.

Padre Perro, hijo Tigre

El tigre amará y escuchará los consejos del perro, aunque no obedezca. Compartirán el coraje y el valor en la lucha. Una relación confiable y plena de amor.

Padre Cerdo, hijo Tigre

Es una relación tibia; el tigre siempre espera mucho más y el cerdo hace lo que puede.

CÓMO LE VA AL TIGRE
EN LOS DIFERENTES AÑOS

Año de la Rata

No será un año muy excitante. Los negocios estarán bastante calmos, deberá ingeniárselas e inclusive hacer cosas que detesta. Sea prudente, tranquilo, y controle sus impulsos. Tendrá que salir a buscar el dinero por la selva usando todas sus artimañas.

Año del Búfalo

Deberá soportarlo. Se sentirá bloqueado por todo tipo de obstáculos. En vez de mostrar sus garras, tendrá que ponerse guantes de terciopelo; si hace lo que quiere, corre el riesgo de tener peleas y discusiones. No sea testarudo ni se rebele sistemáticamente. Aprenda a ronronear.

Año del Tigre

Será el rey de la selva. Lo solicitarán y buscarán; centralizará la atención de todos. Tendrá nuevos contratos, iniciativas y proyectos que llevará a buen término.

Año del Conejo

El tigre será diplomático y hará esfuerzos; tendrá buenas noticias, concretará proyectos y superará obstáculos que le bloqueaban el Tao.

Año del Dragón

El tigre escupe fuego, hace cosas espectaculares y obtiene numerosos éxitos. Se lo aplaude y se lo admira. En este año, sin embargo, el tigre tendrá que asumir una ruptura profesional o afectiva; deberá pagar el precio de la fama.

Año de la Serpiente

Este año el tigre tendrá que evitar meterse en la vida de sus vecinos y dar su opinión sin que lo inviten. Sufrirá desasosiego y tal vez una ruptura definitiva.

Año del Caballo

El tigre se procurará entradas fijas; le ofrecerán una situación estable; tendrá aplausos del jurado y un diploma. Estará hiperactivo, movilizado, creativo, lleno de ideas para plasmar.

Año de la Cabra

El tigre se sentirá atrapado entre cuatro paredes; no hará trabajos burocráticos. Estará ansioso y nervioso. Buscará nuevos horizontes para recrearse.

Año del Mono

Será un año divertido y peligroso. No podrá especular ni aprovecharse de los demás pues caerá en la trampa. Deberá ser paciente y no actuar impulsivamente, porque el mono estará listo para burlarse.

Año del Gallo

En el momento menos pensado el tigre encuentra ayudas inesperadas, se subleva contra el orden establecido y le va bien. Que no dramatice; los problemas se resuelven fácilmente.

Año del Perro

El tigre trabajará como un condenado, pero sus esfuerzos se verán recompensados; la suerte lo acompaña. Tendrá altibajos emocionales, estará cansado y un poco decaído. Pensará que está solo en el mundo y buscará quien lo mime.

Año del Cerdo

El tigre fluirá cómodamente por las praderas de la vida. Estará próspero, generoso y lleno de sensualidad para repartir entre los amigos.

Rafael Nadal

Tigre de fuego

Lady Gaga

Tigre de fuego

Conejo

Conejo

PLACER, PLACER Y PLACER

....

Ficha técnica
Nombre chino del conejo: TU
Número de orden: CUARTO
Horas regidas por el conejo: 05.00 a 07.00
Dirección de su signo: AL ESTE DIRECTAMENTE
Estación y mes principal: PRIMAVERA-MARZO
Corresponde al signo occidental: PISCIS
Energía fija: MADERA
Tronco: NEGATIVO

Eres conejo si naciste
14/02/1915 - 02/02/1916
CONEJO DE MADERA
02/02/1927 - 22/01/1928
CONEJO DE FUEGO
19/02/1939 - 07/02/1940
CONEJO DE TIERRA
06/02/1951 - 26/01/1952
CONEJO DE METAL
25/01/1963 - 12/02/1964
CONEJO DE AGUA
11/02/1975 - 30/01/1976
CONEJO DE MADERA
29/01/1987 - 16/02/1988
CONEJO DE FUEGO
16/02/1999 - 04/02/2000
CONEJO DE TIERRA
03/02/2011 - 22/01/2012
CONEJO DE METAL

El planeta necesita
un respiro
una caricia conjunta
un minuto de calma
un cambio de aire
poner un mensaje
en inglés y en quechua
para que todos
estemos contentos
y la tierra no brame.
Es hora, es tiempo
para renacer o morir
y convertirnos
en alguien nuevo
o en nada.

L. S. D.

LA PERSONALIDAD DEL CONEJO

Debo reconocer que, a través de mi vida, he tenido encuentros con conejos que han modificado y alterado mi equilibrio ecológico. Por razones de preservación, debo asumir que los hombres de este signo me han arañado dejando heridas de muerte. Me ha llevado un tiempo largo cicatrizarlas; por eso al conejo o gato le tengo un respeto ancestral, y cuando me topo con alguno me encomiendo a la Providencia. A través de mis investigaciones he descubierto que no soy la única ingenua que cae en sus garras; en la Edad Media creían que tenía pactos con las brujas.

El conejo o liebre para los chinos (gato para los vietnamitas) es el signo más afortunado del zodíaco oriental; virtuoso, refinado, estético, culto, sibarita, diplomático, detesta las discusiones, solo pierde su aparente serenidad en situaciones límite o cuando siente amenazada su seguridad, y jamás abandona los almohadones para luchar contra los molinos de viento.

A pesar de ser un soñador, no desea cambiar el mundo sino adaptarlo lo mejor posible a sus intereses. No se priva de nada. Tras un aspecto frágil, esconde una voluntad feroz para atrapar lo que tiene entre ceja y ceja. Es capaz de actuar con sangre fría, de ser simulador e hipócrita. Se convierte en astuto y taimado cuando desea obtener algo.

Por su inteligencia práctica se adapta a todas las situaciones y las aprovecha. Detesta que desordenen sus cosas. Impenetrable y discreto, buscará infatigablemente la armonía, la tranquilidad y la paz. Sabe escuchar a los demás y comprenderlos, pero no comparte sus problemas.

Como es sensible y el mundo de las emociones le da miedo, jamás se compromete afectivamente. Necesita sentirse seguro: evita las elecciones desgarradoras o tomar riesgos que le provoquen angustia. El gato tiene sus límites emocionales, por eso puede ser juzgado como cínico o indiferente, cuando en realidad él trata de sobrevivir con su propio ritmo. Es suficientemente hábil para usar sus debilidades como trampolín para triunfar.

EL CONEJO Y EL TRABAJO

Su innato sentido del olfato le permite conectarse con trabajos en los que se mueve con suma habilidad y destreza. Astuto, le gustan los negocios y sabe hacerlos; hábil, no firma ningún contrato sin conocer las cláusulas; jamás se aventura por calles desconocidas si no está seguro del camino. No deberá hacer nada que no lo divierta pues se aburrirá y gastará energía inútilmente. Tiene las cualidades necesarias para triunfar en cualquier carrera y logrará éxito sin necesidad de luchar demasiado.

EL CONEJO Y EL DINERO

No hay nada que le guste más en la vida que tener mucho dinero para darse todos los gustos. Es capaz de administrar perfectamente sus gastos sin que nadie lo asesore. Detesta los riesgos, conoce el valor del dinero, y también sus necesidades. Preferirá que alguien pague sus cuentas y le evite el disgusto de desembolsar *cash*. Le encanta llevar la chequera y las tarjetas de crédito por si ve algo que le gusta. Ama el lujo y el confort. ¿Lo sabía?

EL CONEJO Y SUS AMORES

A este seductor irresistible es imposible pedirle exclusividad. Sus amores no le crean conflictos ni tensiones, pues aunque esté sumido en amores frenéticos no pierde la cabeza. Tierno, vulnerable, romántico, tolerante hasta cierto punto, no soporta ni gritos ni reproches.

Adora estar *tête-à-tête* con su amor y no compartirlo con otra gente. Al menor síntoma de sentirse atrapado, huye despavorido dejando a su pareja en el altar con anillo de bodas incluido. No puede vivir sin amor, no soporta las rupturas y si lo dejan se siente morir. A veces se identifica tanto con el otro que pierde la identidad. Para seducirlo hay que ofrecerle un nido confortable, hablarle de frivolidades, divertirlo todo el tiempo, invitarlo a comidas y fiestas movidísimas, viajes a Nueva York y Europa. Se debe respetar su intimidad y ser muy educado.

EL CONEJO Y LA FAMILIA

Aunque no es un devoto de la vida familiar, le gustaría serlo. Le encanta recibir amigos, dar ágapes y participar socialmente. Le cuesta asumir la vida doméstica; si tiene hijos, necesitará varias niñeras que se ocupen de los pañales y las mamaderas. La rutina lo aburre y los compromisos de antemano lo sacan de quicio.

Elegirá a sus amigos y formará su familia. Tal vez desconozca a los miembros de su propia sangre y muchas veces tenga conflictos en los que termine peleado o deba pasar por trances amargos.

EL CONEJO Y SU ENERGÍA

CONEJO DE MADERA (1855-1915-1975)

Este conejo deja que los otros invadan su canasto, coman su comida y le alboroten la vida. Generoso y muy humano, tiene el sí flojo. Va avanzando de a poco y es muy considerado con sus adversarios. Hace una cosa por vez y no empieza otra hasta que no termina la anterior. Su diplomacia le abrirá muchas puertas y su seducción a veces le jugará en contra. A fuerza de querer ser amable corre el riesgo de que los fuertes se abusen y lo hagan desaparecer.

Personajes famosos

Marcelo Ríos, Anthony Quinn, Frank Sinatra, Edith Piaf, Orson Welles, Eli Wallach, Ingrid Bergman, John Keats, Billie Holliday.

CONEJO DE FUEGO (1867-1927-1987)

Este conejo alumbra con su fuego a millones de kilómetros. Cálido, alegre, entusiasta, sabe subyugar a los demás por su carisma y su oratoria. Es muy franco y espontáneo, pero sabe ser diplomático cuando la situación lo exige. Muy ególatra, necesita que lo adulen y lo congratulen para levantarle la moral. Para lograr sus fines prefiere la intriga sutil a los conflictos directos. Es muy vulnerable a los planteos de los demás, y eso lo trastorna algunas veces. Casi siempre alcanza la fama, el prestigio y el poder.

Personajes famosos

Tato Bores, Osvaldo Bayer, Mirtha Legrand, Leo Messi, Gina Lollobrigida, George C. Scott, Ken Russell, Neil Simon, Gilbert Bécaud, Harry Belafonte.

CONEJO DE TIERRA (1939-1999)

Este conejo no pierde el tiempo con sueños inalcanzables. Estable, práctico, le interesan solamente los objetivos sólidos, tangibles y durables. Le encanta figurar y es un genio para relacionarse socialmente. La gente lo reclama por su sagacidad, humor, chispa y predisposición a escuchar confidencias que después se encargará de desparramar en un instante. Escéptico y materialista, aprovecha las ocasiones que se le presentan para trepar hacia el más allá.

Personajes famosos

Francis Ford Coppola, Peter Fonda, John Hurt, George Hamilton, Albert Einstein, Paul Klee.

CONEJO DE METAL (1891-1951-2011)

Tiene seguridad en sí mismo y detesta involucrarse. Asume las responsabilidades hasta que se aburre y olvida lo que hizo en un instante. Su capacidad de trabajo y su iniciativa le permiten obtener lo que desea. Su gusto es definido, su elección rigurosa; subyuga y sabe juzgar perfectamente la calidad de las cosas y los seres. Descollará en su profesión y volcará su talento en obras que serán muy aplaudidas por la multitud. Se rodea de amigos fieles y vive sus amores con pasión.

Personajes famosos

Gustavo Santaolalla, Charly García, Pedro Almodóvar, Jaco Pastorius, Ana Belén, Carl Palmer, Confucio, Valeria Lynch, Anjelica Huston, Sting, Michael Keaton, Ronald Colman.

CONEJO DE AGUA (1843-1903-1963)

Su sensibilidad está a flor de piel: la menor contrariedad lo enferma. Su receptividad para con las cosas y los seres lo angustia y desconcierta porque es una antena de captación de las emociones y los sentimientos de los demás. Su hipersensibilidad le distorsiona la realidad; se imagina lo peor y detesta vivir en el presente. Sensible a los recuerdos, lo fascina el pasado. Sus heridas de amor tardan un tiempo en cicatrizar. Tiene un gran poder mental sobre los demás y consigue influenciarlos.

Personajes famosos

Gisela Valcárcel Álvarez, Fito Páez, Nicholas Cage, Tatum O'Neal, Bob Hope, George Michael.

EL CONEJO Y SU ASCENDENTE
O COMPAÑERO DE CAMINO

Conejo ascendente Rata: 23.00 a 01.00

Bajo un aire impenetrable, este conejo es un poco agresivo. Inteligente, brillante, vencerlo resulta difícil. Tiene los pies en la tierra, pero se involucra en relaciones pasionales algo alocadas. Usa su maravillosa diplomacia para sus intereses personales.

Conejo ascendente Búfalo: 01.00 a 03.00

Menos diplomático que sus hermanos, sabe callarse y observar. Materialista, autoritario, determinado; sus objetivos son simples: agrandar su hogar, comprar un campito y multiplicar su fortuna. Será un buen padre o madre y educará refinadamente a sus hijos.

Conejo ascendente Tigre: 03.00 a 05.00

Un ser hábil, conversador, lleno de seducción e impaciente. Contesta siempre antes de que le pregunten. Bajo un aspecto de corderito es capaz de rugir para destruir a sus enemigos.

Conejo ascendente Conejo: 05.00 a 07.00

Adora los secretos y rara vez da su opinión. Detesta involucrarse y su aparente neutralidad esconde un determinismo poco común. Actúa para mejorar sus intereses. No le gusta elegir, pero lo hace si lo presionan o lo fuerzan. Refinado, seductor, evita los obstáculos alegremente, y es difícil que le tiendan trampas.

Conejo ascendente Dragón: 07.00 a 09.00

Ambicioso, el poder le interesa y sabe usarlo. Inteligente, diplomático, algo solapado y astuto, con su aspecto de gato misterioso logra que los demás aprueben sus ideas. Un conejo que escupe fuego.

Conejo ascendente Serpiente: 09.00 a 11.00

Posee una intuición inigualable. Sabe encontrar el punto G de los demás. Su olfato es su poderoso aliado y le dicta soluciones milagrosas. Misterioso, hipnotiza al objeto de sus deseos, que sucumbe y cae a sus pies. ¡Un conejo peligroso, irresistible e inquietante!

Conejo ascendente Caballo: 11.00 a 13.00

Su presencia resaltará; alegre, optimista y jugador, adora ganar. No da puntada sin hilo. Un poco oportunista, su moral es elástica y depende de las circunstancias. De galope ininterrumpido, pobre de aquel que se interponga en su camino.

Conejo ascendente Cabra: 13.00 a 15.00

Es simpático, tolerante, tierno y generoso; vive en un universo mágico. Cuando los enemigos lo agreden, sale a mirar la Luna y las estrellas. Adora viajar y odia las jaulas. Vive en un mundo de ilusión. No tiene el menor sentido práctico y gasta su dinero con frenesí.

Conejo ascendente Mono: 15.00 a 17.00

Este conejo tiene mil muecas y juega muchos papeles. Es inescrupuloso, pero no hay nadie que resista ante su intensa seducción. Su don de manipulación causa admiración, aunque sea a nuestras expensas.

Conejo ascendente Gallo: 17.00 a 19.00

Sabe escucharnos y sus consejos son válidos. Leal, tenaz, nos dice francamente lo que piensa. Es vivo y alegre y no juega al tímido y misterioso; a menudo le gusta lo espectacular. Tiene las cosas claras.

Conejo ascendente Perro: 19.00 a 21.00

Compasivo, las desgracias de los demás lo conmueven. Es nostálgico, se acuerda de los errores cometidos en su infancia. Siempre piensa lo peor y oculta lo mejor. Cuando hay que jugarse, siempre lo hace; sobre todo si es para defender amigos o algún ideal.

Conejo ascendente Cerdo: 21.00 a 23.00

Ama el lujo, los placeres y el confort. Necesita alimentar el espíritu: es un intelectual. Se hace el misterioso, el solitario y el culto para seducir mejor. Cuando un amigo lo necesita, no duda en tenderle la mano o en prestarle dinero.

CONJUGACIÓN DEL CONEJO
CON EL HORÓSCOPO OCCIDENTAL

Conejo Aries

Un conejo que hará concesiones para que lo dejen en paz. Es muy humano, saldrá de su jaula para defender a los débiles y socorrer a los oprimidos. Valiente, espontáneo y tierno, no corre riesgos inútiles. Dotado para el arte y los negocios, su intuición lo llevará al éxito; se jugará la vida por un ideal.

Conejo Tauro

Necesita estar rodeado de belleza y armonía, pero tiene sus patas en tierra firme. Es realista y trabajador. Usa su diplomacia y su encanto para vencer los obstáculos. Saldrá a ganarse la vida desde chico para obtener éxitos materiales y aportar a su cría y familia lo necesario y también lo superfluo.

Conejo Géminis

Un gato de tejado que está siempre mejor en otra parte. Emprende miles de cosas a la vez; inestable, seductor irresistible, conoce el punto vulnerable de los otros para atacar. Bohemio, inconstante, juvenil, toda la vida buscará un amor imposible.

Conejo Cáncer

Es un conejo que necesita canasto, zanahorias y almohadón propios para no desequilibrarse. Tiene miedo del mundo exterior, necesita que lo quieran y que se lo digan. Buscará desarrollar su percepción a través del arte y la psicología. Será un gran anfitrión y padre de familia.

Conejo Leo

Un conejo o gato de angora sublime. Ama el lujo, el prestigio y el poder. No soporta la adversidad, busca escaparse lo más rápidamente posible de las trampas. Tierno, dulce, seductor, posee un aura que atrae a las multitudes. Es muy seguro y ambicioso, defenderá su tranquilidad contra viento y marea.

Conejo Virgo

Es impenetrable y analítico. Está a la defensiva y no se arriesga demasiado. Tiene necesidad de seguridad y le teme al futuro. Es un relator de lo que ocurre, y siempre resalta por su agudeza. Trabaja con ahínco en lo que le apasiona, sobre todo si tiene una tonelada de reservas bajo llave. El amor es una meta inalcanzable.

Conejo Libra

Un artista que deberá defender su lugar si quiere triunfar. Sibarita, sensual, intuitivo y original, sabrá desplazarse solo por los laberintos de la acción. El amor es fundamental en su vida y el pilar para su equilibrio emocional.

Conejo Escorpio

Irresistible y fascinante, sociable, es un seductor nato, pero ¡atención!: si posa su pata sobre usted, se convertirá en su presa, y si lo engaña, cuidado con las represalias. Él querría ser sereno, pacífico, pero no puede resistir las ganas de saltarle encima; tironeado entre su pasión y su necesidad de paz, se siente culpable y se angustia. Posee un poder oculto, y su yo secreto, sensual e intenso, lo torna incomparable. Si se encuentra con alguno, haga un contrato con su ángel de la guarda para que lo proteja.

Conejo Sagitario

Es el más aventurero y audaz de los conejos. Partirá con una mochila a conquistar el mundo, porque adora viajar. Es un líder que se arriesgará y luchará hasta vencer. Ama cultivarse y rodearse de gente interesante. Idealista y un poco conservador, tratará de formar una familia acorde con sus principios morales.

Conejo Capricornio

Algo desdeñoso, se aparta de las multitudes, ama el silencio. Fino estratega y perseverante, planeará sus proyectos con tranquilidad y eficacia. Si consigue llamar su atención y ser su amigo, se jugará por usted incondicionalmente; si no le cae en gracia, intentará destruirlo sin piedad.

Conejo Acuario

Vivirá para los amigos y responderá a sus requerimientos. Muy humano, dará todo lo que tiene para ayudar a los necesitados. Optimista, idealista, innovador, original, tendrá una vida particular y polémica. Muy cerebral y previsor, a la hora de la verdad es muy decidido.

Conejo Piscis

Necesita sobredosis de amor y mimos, constantes cuidados y seguridad material. Es un conejo idealista, soñador y sentimental que vive su vida como si fuera una novela de Corín Tellado. Detesta que lo critiquen y se refugia en su nube de sueños. Sabe especular para conseguir sus metas y triunfará por su gran sensibilidad y talento.

EL CONEJO EN EL AMOR

Conejo y Rata

La rata estará en constante peligro, pues el conejo siempre se quedará en casa y no resistirá la tentación de destruirla. A ambos les gusta el hogar. Si logran adaptarse, pueden ser una pareja buena y responsable.

Conejo y Búfalo

Sí, es posible. Al conejo le gusta que lo manden. Él aportará refinamiento y sensibilidad a cambio de la protección y la disciplina del búfalo.

Conejo y Tigre

El conejo es imaginativo y dócil, con buenas tendencias mentales y creativas, y el tigre es dramático, sensual y eléctrico. Sus emociones viven a distinto ritmo, por eso difícilmente se adapten uno al otro.

Conejo y Conejo

Reina la armonía entre ellos; inteligentes y sutiles, saben evitar los conflictos porque están demasiado ocupados por su propia persona. Parece que hacen una buena pareja, pero ninguno de los dos estimula al otro. A fuerza de educación y cortesía no abordan los temas importantes por miedo a crear problemas. Quizá se aburran juntos. El ascendente es importante; si uno de ellos es activo o más agresivo, la pareja puede resultar ejemplar.

Conejo y Dragón

El dragón tiene que ser el jefe, y deberá luchar fuera de la cueva. El conejo no puede soportar todas las horas del día a este animal seductor que le camina por la cabeza y escupe llamaradas. Él necesita orden y tranquilidad, y encuentra que el dragón le desordena todo su salón. Si el conejo se queda en el hogar, el dragón amará volver a su confortable casa y recibir caricias en recompensa por la carrera del día.

Conejo y Serpiente

Tienen gustos en común; aman la tranquilidad, la seguridad, la belleza y el confort. Estos dos estetas tienen idéntica mirada sobre los objetos y las cosas; son románticos y afectuosos. El conejo tiene que aceptar la moral de la serpiente, y esta las dudas de su pareja, que opina que es mundana y superficial. Si están bloqueados tienen dificultad para entenderse, pero sus visiones materialistas son idénticas.

Conejo y Caballo

Al principio al conejo le fascinarán la fuerza, la pasión y la seguridad del caballo. Tendrán atracción fatal y se sentirán hipnotizados; después, el conejo sufrirá el egoísmo despótico del caballo y se sentirá abandonado y apesadumbrado.

Conejo y Cabra

La cabra, sensible y romántica, es una deliciosa pareja para el conejo. Ninguno de los dos puede vivir solo y en su casa reina la paz. El único inconveniente en esta unión encantadora es que no están preparados para la adversidad. Ninguno de los dos puede remontar al otro; corren el peligro de ahogarse en un vaso de agua y deprimirse juntos.

Conejo y Mono

Realistas, su unión se basa en intereses comunes y una complicidad hecha de ternura y tolerancia. El mono le enseñará al conejo cosas que le permitirán enfrentar conflictos de todo orden. El conejo aprecia a este compañero inteligente y gracioso, y es indulgente con sus monerías. El mono adora vivir en un lugar tan confortable y ayuda al conejo a dominar su angustia. Se divierten, admiran y estimulan.

Conejo y Gallo

El conejo se saldrá de quicio, tendrá crisis de nervios y se derrumbará porque las exhibiciones y las jactancias del gallo lo exasperan. No compartirán los mismos ideales, chocarán en la elección de los muebles y las salidas al cine. Se presionarán y exigirán mutuamente. Unión para masoquistas.

Conejo y Perro

Un placer de pareja. Tienen gustos comunes y necesitan un hogar confortable que defenderán contra todos. La seguridad estará a cargo del perro, leal y tierno, que enseñará al conejo a defenderse y a pelear por sus derechos. Se divertirán y complementarán. Mientras el perro se preocupa por solucionar los problemas de la humanidad, el conejo queda perplejo por las dudas existenciales de su amor.

Conejo y Cerdo

Se sacaron la lotería al conocerse. Ambos se respetan los gustos, y la intimidad es sagrada. El cerdo, que ama la soledad, aprecia la discreción del conejo que, más intuitivo y astuto, enseña a su amor a ser menos altruista y a no dejarse manipular. Son muy sensuales y prolíficos.

EL CONEJO EN LA AMISTAD

Conejo y Rata

Cada uno tratará de hacerle pisar el palito al otro. Desconfianza y competencia. Solo para el carnaval.

Conejo y Búfalo

Serán muy compañeros y programarán viajar por el mundo juntos, siempre a expensas del búfalo.

Conejo y Tigre

Se entenderán como dos felinos que se asustan de tener muchas cosas en común aunque disfruten al compartir ciertos riesgos.

Conejo y Conejo

Serán cómplices absolutos de lo que se pueda y de lo que no se pueda contar.

Conejo y Dragón

Vivirán momentos de ciencia ficción y no serán conscientes del tiempo que pierden juntos.

Conejo y Serpiente
Mantendrán largas y encendidas pláticas, rememorando, por ejemplo, la época de oro del cine de Hollywood.

Conejo y Caballo
Excelentes relaciones mundanas y, si no se invaden, tal vez la posibilidad de una sólida amistad.

Conejo y Cabra
Sí; el conejo admira el sentido artístico de la cabra y se divierte con sus caprichos.

Conejo y Mono
Dos buenos amigos y cómplices que se divierten a expensas de los demás.

Conejo y Gallo
No, el gallo es demasiado alborotador y al conejo eso lo cansa. Cortocircuito astral.

Conejo y Perro
El perro sabe que no puede contar con el conejo cuando las papas queman, pero se entienden muy bien en el plano intelectual.

Conejo y Cerdo
Serán eternos confidentes y saldrán a menudo a divertirse juntos aunque el conejo sepa que pasará papelones con el cerdo.

EL CONEJO EN LOS NEGOCIOS

Conejo y Rata
Deberían buscar un garante. Aun así, esta unión sería un peligro.

Conejo y Búfalo

El conejo tratará de seducir al búfalo, que dejará su salud para levantar los cheques voladores firmados por su socio.

Conejo y Tigre

Se complementarán si conservan los límites territoriales de cada uno. El conejo aporta diplomacia; el tigre, entusiasmo.

Conejo y Conejo

Pueden funcionar en algo que sea afín a ambos: un estudio de abogados o de escribanos, una casa de antigüedades.

Conejo y Dragón

Sí. El conejo descarga en el dragón la responsabilidad de las decisiones, pero sabe darle buenos consejos.

Conejo y Serpiente

Están muy favorecidos; deberán distribuir las fuerzas y las ganancias. Juntos podrán hacer un imperio.

Conejo y Caballo

Puede ser un buen deporte para ambos. El conejo es astuto, pero el caballo sabe defenderse. Les gustará tratar asuntos mundanos.

Conejo y Cabra

Una asociación agradable. El conejo tiene buen gusto y sabe elegir. Encontrará la manera de que la cabra produzca.

Conejo y Mono

Podrán intentarlo si firman un contrato que los obligue a cumplir con lo pactado.

Conejo y Gallo

¡Atención, gallo! Si el conejo quiere asociarse es porque allí hay «gato encerrado».

Conejo y Perro

El conejo será útil al perro por su habilidad y serenidad, y el perro a aquel por su fidelidad y realismo.

Conejo y Cerdo

Pueden hacer fortuna. El conejo es astuto y el cerdo tiene una suerte increíble.

RELACIÓN PADRES E HIJOS

Padre Rata, hijo Conejo

Es la rata quien teme a su hijo. Con justa razón, por supuesto.

Padre Búfalo, hijo Conejo

El conejo, que es diplomático, se burla de la autoridad, pero sabe disimularlo con obediencia.

Padre Tigre, hijo Conejo

Entre estos felinos la astucia del conejo puede doblegar la fuerza del tigre. Aparentará obedecer.

Padre Conejo, hijo Conejo

A imagen y semejanza. Será una relación idílica; a veces se ocultarán secretos para no herirse.

Padre Dragón, hijo Conejo

El dragón se siente decepcionado por la aparente falta de ambiciones del conejo, pero en cualquier momento aparecerá una sorpresa.

Padre Serpiente, hijo Conejo

Afinidad, pero a un conejo no le divierte mucho que sus padres lo absorban y controlen. Deberán recorrer un camino de aprendizaje mutuo.

Padre Caballo, hijo Conejo

El caballo sale a galopar mientras el conejo cuida la casa.

Padre Cabra, hijo Conejo

Se sentirán camaradas. Reirán y llorarán juntos, pero el conejo no puede contar con la cabra en momentos de debilidad.

Padre Mono, hijo Conejo

Relación ideal. Están hechos para triunfar; el mono enseñará el camino.

Padre Gallo, hijo Conejo

El conejo deja que el gallo cacaree y haga lo que tenga ganas, pero crispándose ante tanta alharaca.

Padre Perro, hijo Conejo

Se entienden y quieren, sobre todo el padre varón con su hija conejo.

Padre Cerdo, hijo Conejo

Muy bien, aunque el cerdo sufre por la indiferencia del conejo hacia la familia.

CÓMO LE VA AL CONEJO
EN LOS DIFERENTES AÑOS

Año de la Rata

El conejo podría decepcionarse si cuenta con proyectos espectaculares. Que aproveche para mejorar su casa y su patrimonio; paciencia y tiempo son sus armas más seguras.

Año del Búfalo

Las demoras exasperan al conejo, ponen obstáculos a sus ambiciones. Tendrá que asumir una separación, aunque le cueste. Deberá ser más espiritual.

Año del Tigre

Se guiará por los impulsos y dejará la seguridad a cambio de la aventura. Se enamorará perdidamente, tendrá que afrontar las responsabilidades en la casa y los imprevistos en el trabajo.

Año del Conejo

Vivirá la crisis más importante de su vida; estará en juego absolutamente todo, pero encontrará la luz en medio del naufragio. Un año de crecimiento.

Año del Dragón

Recibirá felicitaciones del jurado; su nombre está en la lista de los premiados, pero eso no llenará su alcancía. Encontrará nuevos amigos que se unen para festejar su futuro empleo.

Año de la Serpiente

Tal vez cambie de casa o trabajo. No tiene tiempo para pensar en distraerse ni en su familia, todo irá muy rápido. Podrá construir sólidamente, la suerte lo acompaña.

Año del Caballo

Al conejo se lo verá en todas las reuniones convertido en el centro de atención. Recibirá premios, ascensos y ganará mucho dinero. Galopará y volverá a ser el mismo.

Año de la Cabra

El conejo está encantado, todo le sale bien, hay promesas de prosperidad; da brincos y saltitos. Seguirá con la buena racha y se enamorará perdidamente de alguien que cambiará su vida.

Año del Mono

Cuidado con las malas pasadas... El mono es astuto, el conejo tiene que ser más prudente que de costumbre. Deberá asesorarse con su banquero antes de firmar algo. Tal vez sus nervios estén muy irritables. Practique tai chi chuan.

Año del Gallo

Será un tiempo peligroso; deberá protegerse de las embestidas sorpresivas del gallo, que lo hará gastar más de la cuenta. Se sentirá incomprendido y deberá recurrir a sus amigos.

Año del Perro

El conejo vivirá en paz y armonía con su familia, y sentirá que sus planes se desarrollan maravillosamente. Podrá distenderse, viajar, poner en orden sus ideas, y cultivar la amistad.

Año del Cerdo

Será un año para preservar su seguridad, ser realista, no hacer gastos innecesarios y evitar los compromisos impulsivos. Todo saldrá bien si es prudente y no abusa de las circunstancias.

Conejo de fuego

Leo Messi

Conejo de agua

Gisela Valcárcel Álvarez

Dragón

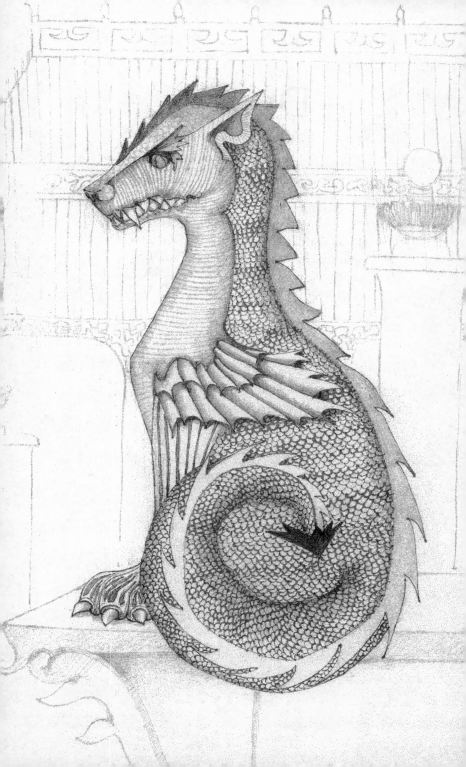

Dragón

TOO MUCH TO BE TRUE

Ficha técnica
Nombre chino del dragón: LONG
Número de orden: QUINTO
Horas regidas por el dragón: 07.00 a 09.00
Dirección de su signo: ESTE-SUDESTE
Estación y mes principal: PRIMAVERA-ABRIL
Corresponde al signo occidental: ARIES
Energía fija: MADERA
Tronco: POSITIVO

Eres dragón si naciste
03/02/1916 - 22/01/1917
DRAGÓN DE FUEGO

23/01/1928 - 09/02/1929
DRAGÓN DE TIERRA

08/02/1940 - 26/01/1941
DRAGÓN DE METAL

27/01/1952 - 13/02/1953
DRAGÓN DE AGUA

13/02/1964 - 01/02/1965
DRAGÓN DE MADERA

31/01/1976 - 17/02/1977
DRAGÓN DE FUEGO

17/02/1988 - 05/02/1989
DRAGÓN DE TIERRA

05/02/2000 - 23/01/2001
DRAGÓN DE METAL

23/01/2012 - 09/02/2013
DRAGÓN DE AGUA

¿Qué nos queda por hacer
antes del siglo xxi?
Comer un asadito en el campo
al sol y amigos macros,
dormir una siesta abrazados,
leer poesía de a dos,
plantar algo que crezca en verano,
reírnos mucho,
dormir al sereno contando las estrellas,
desechar el mal,
ser solidarios,
no usar la bocina,
silbar,
comer con luz de vela,
viajar a Madrid por algo,
ignorar los toros
y hacer el amor
con un torero derrotado.

L. S. D.

LA PERSONALIDAD DEL DRAGÓN

Cuando fui a festejar el Año del Dragón a China comprobé la trascendencia de este signo en la vida de ese pueblo.

Desde las épocas imperiales el dragón representó las mejores virtudes del hombre. A los emperadores se los llamaba dragones, que significa hijos del cielo. La tradición se mantuvo, y como el dragón es el único animal quimérico-mitológico del zodíaco chino, pues todos los demás existen, se lo venera y respeta más que a otros signos. Junto con la serpiente, son considerados signos kármicos; esto significa que no se vuelven a reencarnar porque tienen varias vidas en esta vida y renacen, como el ave Fénix, de sus propias cenizas.

En mi vida he conocido dragones a los que considero seres

especiales por su capacidad de recuperación ante hechos y situaciones límite. La sensación que tengo cuando estoy con ellos es que no sé si existen o son un producto de mi imaginación.

Sea varón o mujer, el dragón nunca pasa inadvertido; tiene una energía desbordante, arroja llamaradas y se impone por su avasallante personalidad. Impetuoso, le gustan los desafíos, los conflictos, los peligros. Necesita un objetivo para poder vivir, y no es mesurado.

Un poco megalómano, no le interesa la opinión de los demás y piensa que es el dueño de la verdad. Tiene necesidad de entusiasmarse y sobre todo de fundar imperios. Su carisma es un imán y con su ejemplo convence a las multitudes: decidido e intolerante, siempre se impone. Dicta y ordena, detesta recibir órdenes y que se resistan a sus impulsos. Necesita ser la vedet, le gusta la espectacularidad. Le encanta dar consejos y criticar; es totalmente subjetivo pues le cuesta asumir sus defectos y modificarlos.

El dragón no nació para las medias tintas; todo lo que haga será polémico y trascendente. Ama el riesgo y la espectacularidad y jamás retrocede cuando toma una decisión. Su único problema es que debe vivir en la Tierra...

EL DRAGÓN Y EL TRABAJO

Lo atraen los proyectos macrocósmicos y no se distrae en pequeños asuntos. Las tareas imposibles, los desafíos y las situaciones límite lo estimulan. Es del tipo Batman: llega cuando todo parece perdido. Tiene una capacidad de trabajo ilimitada, pero él decide cuándo y dónde; detesta los horarios, la rutina lo apaga y, si lo dejan encerrado, es capaz de escaparse por la ventana. Siente una necesidad visceral de crear, inventar e imaginar proyectos visionarios que muchas veces serán obras maestras para la humanidad. Su intuición y su imaginación innata le permiten producir fuentes inagotables de trabajo y la competencia es esencial para encender su fuego interior.

EL DRAGÓN Y EL DINERO

Tiene la capacidad de adaptarse a todas las situaciones; cuando comienza una empresa no es para ganar dinero sino por el placer de actuar. Adora gastar: muy generoso y voluptuoso, para él la seguridad material es una forma más de expresar su creatividad. Puede pasar de la miseria a la riqueza en un segundo, y esta inestabilidad representa para él un juego fascinante.

Ayudará a los amigos y a los necesitados y jamás hará ninguna concesión si no está de acuerdo. En China se lo considera un animal de suerte que nunca será pobre.

EL DRAGÓN Y SUS AMORES

La gente se vuelve loca por él, despierta altas y bajas pasiones de las que no siempre se hace cargo. Le encantan las situaciones límite, lo exótico, inesperado y original. Necesita sentirse estimulado, admirado, asediado y muy reclamado para poder encenderse. Transforma a sus víctimas en monstruos permisivos y llenos de gratitud; como Atila, deja detrás campos quemados.

Su pareja debe ser su mejor público y aplaudirlo cada vez que abre la boca. Para seducirlo hay que ser frágil en el exterior y una roca por dentro, hay que entusiasmarse con sus proyectos y demostrar que el amor no es una cárcel, porque el dragón necesita sentirse libre. No lo amenace con suicidio ni llore mucho, porque las lágrimas apagan su ardor.

EL DRAGÓN Y LA FAMILIA

No es un fan de la vida familiar; más bien prefiere la vida exterior al fueguito de la chimenea. ¿Por qué tener hijos y querer que sean una réplica exacta? Recapacite y piense que cada ser humano tiene sus gustos y diferencias. La familia será siempre un refugio para las odiseas que emprende.

EL DRAGÓN Y SU ENERGÍA

DRAGÓN DE MADERA (1844-1904-1964)

Es un dragón creativo e imaginativo. Acepta trabajar en grupo a condición de ser el jefe. Tiene talento para aprovechar lo que la vida le pone a su paso y es muy objetivo consigo mismo. Hace concesiones si eso le permite ganar y obtener más fácilmente sus propósitos. Generoso, multifacético y amplio, está convencido de ser el dueño de la verdad. Es menos rencoroso que sus hermanos.

Personajes famosos

Sandra Bullok, Jorge Drexler, Mario Pergolini, Eleonora Cassano, Pablo Neruda, Tita Merello, Bing Crosby, Dick Powell, Friedrich Nietzsche, Paul Verlaine, Salvador Dalí.

DRAGÓN DE FUEGO (1856-1916-1976)

Es un dragón apasionado y lleno de intuición para adivinar qué les pasa a los demás. Le encanta dominar las situaciones y tener control sobre las cosas. Digno, fuerte, serio y valiente, su mente llega a detectar frecuencias imprevisibles. Puede ser un *lord* inglés, pero si hieren su orgullo es capaz de matar.

Personajes famosos

Nadine Heredia Alarcón de Humala, Shakira, Kirk Douglas, François Mitterrand, Gregory Peck, Glenn Ford, Sigmund Freud.

DRAGÓN DE TIERRA (1868-1928-1988)

Este dragón concretará sus sueños; será realista, pacífico, y buscará profundizar en lo que le interesa. Autoritario, le cuesta aceptar otras opiniones y es muy perfeccionista. Cuidado con sus ataques de cólera; puede perder la razón.

Personajes famosos

Javier «Chicharito» Hernández, Jimena Navarrete, Shirley Temple, Roger Moore, Eddie Fisher, Alan Pakula, Martin Luther King, Ernesto «Che» Guevara.

DRAGÓN DE METAL (1880-1940-2000)

El más temible de los dragones: no juega cuando se trata de defender el honor y la justicia. Es imparcial para abrir juicio sobre los demás, abomina de los holgazanes, los inactivos y, aunque los escucha, no admite su forma de ser. Rígido, orgulloso, nada diplomático y con unos aires de creerse el ombligo del mundo difíciles de digerir, se embarca en aventuras riesgosas que lo estimulan. Jamás retrocede ni se arrepiente.

Personajes famosos

Andy Warhol, Pelé, Jesucristo, Al Pacino, Brian de Palma, Tom Jones, Bruce Lee, Joan Baez, Bernardo Bertolucci, John Lennon, Ringo Starr, David Carradine, Frank Zappa, Raquel Welch, Herbie Hancock.

DRAGÓN DE AGUA (1892-1952-2012)

Es el más democrático e imparcial de todos los dragones. Acepta otras opiniones aunque sean opuestas a las suyas. Tiene personalidad, olfato, carisma y una lucidez sorprendente para ver los hechos tal como son. Defiende sus ideas con entusiasmo, y eso lo convierte en un negociador de primer orden. Sabe actuar y aparentar debilidad cuando necesita algo. Vive al día y trata de superarse.

Personajes famosos

Sylvia Kristel, Guillermo Vilas, Robin Williams, Jimmy Connors, Oliver Hardy, Stewart Copeland.

EL DRAGÓN Y SU ASCENDENTE
O COMPAÑERO DE CAMINO

Dragón ascendente Rata: 23.00 a 01.00

Generoso y tacaño a la vez, reflexiona antes de iniciar una empresa. Es más afectuoso pero menos imperioso y menos exigente con la gente que lo rodea; sus juicios no son tan categóricos.

Dragón ascendente Búfalo: 01.00 a 03.00
El búfalo aminorará su marcha y lo obligará a ser más paciente. Aprenderá a no irritarse por cualquier cosa. Quienes lo enfrenten tendrán que vérselas con un temible adversario.

Dragón ascendente Tigre: 03.00 a 05.00
Fulmina y escupe fuego. ¡Qué energía! Excepcional e impulsivo, avanza con las garras listas. Si se le resisten se volverá violento y tendrá cóleras homéricas. Su emotividad le hace perder la cabeza. Si sus actividades le interesan, tendrá una capacidad de trabajo formidable.

Dragón ascendente Conejo: 05.00 a 07.00
Enérgico, fuerte y, por supuesto, diplomático. Avanza, piensa y reflexiona con prudencia, la inteligencia es su punto fuerte. Brillante y sutil, puede, por momentos, ser maquiavélico. Nadie resiste su encanto y seducción.

Dragón ascendente Dragón: 07.00 a 09.00
Es el emperador en la vida. Tiene que ser el primero, necesita ser aprobado por todo el mundo y escupe llamaradas para que los demás le abran camino, ¡y lo consigue! Exige obediencia y admiración, y nosotros somos sus súbditos. Si se pasa de revoluciones, podría quemarse.

Dragón ascendente Serpiente: 09.00 a 11.00
Fascinante, es paciente y astuto. Devorado por la ambición, no tiene ningún escrúpulo en hipnotizar a sus adversarios y devorarlos crudos sin culpa. Es calculador y enigmático.

Dragón ascendente Caballo: 11.00 a 13.00
En todas las carreras siempre está en línea de largada. Sueña con conquistas y las consigue. Enamorado de la velocidad, inteligente y optimista, ama el éxito. Si no se torna muy ambicioso y pretencioso, la suerte lo acompañará.

Dragón ascendente Cabra: 13.00 a 15.00

Este dragón es tierno y fantasioso, vive con la cabeza en las nubes. Encuentra mecenas que lo ayudan a realizar sus más locos sueños. Tiene una gran imaginación y muy buen gusto; se destacará sin hacer demasiado circo.

Dragón ascendente Mono: 15.00 a 17.00

Inteligente y brillante, hace payasadas como nadie y nunca deja de asombrarnos. Talentoso y astuto, es un manipulador genial. Fuerte y temerario, sus proyectos son sólidos y macrocósmicos. Atención con el amor propio.

Dragón ascendente Gallo: 17.00 a 19.00

Adora estar en la cumbre. Aconseja alegremente, manda naturalmente y seduce ostensiblemente. Orgulloso, original y generoso, no se queda ni un minuto en el mismo sitio.

Dragón ascendente Perro: 19.00 a 21.00

Es un amigo fiel, sincero y leal. Debe agradecer al cielo por tener tanta suerte. Medita, reflexiona, piensa profundamente, sabe tomar la distancia necesaria para poder juzgar lúcidamente a las personas y las cosas. Lleno de humor y amor, no hay que provocarlo porque puede sacar llamas.

Dragón ascendente Cerdo: 21.00 a 23.00

Es un dragón tierno, delicioso, amistoso y casi humilde. Siempre ayuda a los otros y utiliza sus llamaradas para calentarlos y reconfortarlos. Cándido e ingenuo, la gente abusa de él.

CONJUGACIÓN DEL DRAGÓN
CON EL HORÓSCOPO OCCIDENTAL

Dragón Aries

El cielo es el límite: su desbordante energía deberá ser canalizada para que no lo ahogue. Impaciente, dinámico y cálido, la diplomacia no es su fuerte. Adora los precipicios y los obstáculos, y su convicción lo lleva a volar alto. Tiene que aprender a abarcar poco; de lo contrario, difícilmente pueda concretar sus planes. Es un enemigo atroz y muy vengativo.

Dragón Tauro

Pragmático y realista, no arde si no es por un buen motivo. Transforma en oro todo lo que toca y no hace regalos. Enérgico y eficaz, pone su fuerza al servicio de una realización material porque no nació para ser pobre. Obstinado, indomable, responsable y leal, gana todos los combates. Imposible no enamorarse de este prodigio.

Dragón Géminis

Su gran fantasía le impide cumplir con sus promesas, aunque cuando las expresa todos las creemos. Es impulsivo y se inflama como nadie, pero su fuego se apaga rápido... Empieza miles de cosas a la vez y acaba agotado antes de terminarlas. Inestable, sabe rodearse de personas eficaces para que trabajen por él. Cuando se enamora es capaz de perseguir a su amor hasta la Luna.

Dragón Cáncer

El más dócil y doméstico de los dragones. Tranquilo, atento y tolerante, es un buen consejero y sabe elegir sin quemar todo a su paso: Posee una fuerza tranquila, es autoritario y suele ser fanático cuando se apasiona por un ideal. Intuye lo que los demás esperan y sabe complacerlos. Es un volcán que dormita: no lo provoquemos.

Dragón Leo

Un constructor de imperios: siempre será el rey en el lugar donde se encuentre. Escupe llamaradas temibles y funciona bien cuando hay proyectos grandiosos; es el jefe ideal y necesario para grandes organizaciones internacionales. Su egocentrismo es insuperable; no soporta que no lo adulen y adoren sin cesar. Mejor tenerlo de amigo; de enemigo es capaz de hacernos desaparecer de la faz de la tierra.

Dragón Virgo

Se tomará su tiempo para obtener lo que desea. Utiliza su lanzallamas con precisión sobre el objeto deseado. Su voluntad estará ligada a su gran curiosidad por lo que le interesa obtener. Es más intelectual que manual y más cerebral que sentimental.

Dragón Libra

Este dragón no pasará inadvertido. Nos contará sus cosas en forma de poesía, música o pintura. Su *charme* es irresistible; elegante, seductor, pacifista, adora gustar y flirtear. Conseguirá sus objetivos sin apelar a la fuerza y dejará huellas para la humanidad.

Dragón Escorpio

Posee un enorme magnetismo, es desmesurado y tiene un encanto devastador. No hay que provocarlo, pues tiene las escamas envenenadas y no se conoce antídoto para su veneno. Se lanza apasionadamente hacia las batallas y no deja de pelear hasta morir en el combate. Es un individualista feroz al que no hay que ponerle cadenas al cuello.

Dragón Sagitario

Idealista y gran optimista. Adora los riesgos y la aventura lo fascina; no hay que pretender que plante repollos o cocine a diario; lo aburre la rutina. Multifacético, cuando encamina su vocación es capaz de conseguir resultados asombrosos. No se imagina que nadie se le pueda resistir. El amor es fundamental para sentirse útil y comprender a los demás.

Dragón Capricornio

Escudriña la cumbre con paciencia y con su tenacidad escalará el monte Everest. El poder lo fascina y lo atrae como un imán; su ambición no tiene límites. Posee una gran fe en sí mismo y una voluntad inquebrantable. Necesita materializar sus sueños más caros. Cuenta con pocos amigos; exige mucho a cambio y da poco. No se juega con sus sentimientos.

Dragón Acuario

Anticonformista, inventivo y creativo, es el más irreal de los dragones. Se destacará por sus excentricidades y originalidad. Se burla de las críticas, le atrae el poder aunque sea por un rato. Es un gran consejero al que le encanta polemizar para arreglar el mundo. Los viajes son un éxtasis, con la condición de que los problemas de dinero corran por cuenta de otro.

Dragón Piscis

Es un artista dotado y emotivo. Su seducción no tiene límites; sentimental, romántico, emprendedor y despabilado, sus escamas despliegan una belleza increíble que lo hace irresistible. Necesita volar por las alturas y tener amigos que lo ayuden cuando se decide a obtener algo.

EL DRAGÓN EN EL AMOR

Dragón y Rata

Serán muy felices y comerán perdices. El dragón llevará la batuta con lealtad y optimismo y la rata seguirá a su pareja hasta el fin del mundo. El dragón hará fortuna y la rata ahorrará.

Dragón y Búfalo

Complicado. Perpetuo conflicto por autoridad. El dragón se aburre de esta situación. Sexo sin diálogo y al final incomunicación total.

Dragón y Tigre

Se amarán frenéticamente y tendrán los mismos ideales. Estarán activos, despiertos e interesados por el otro, y se sacarán chispas por los celos mutuos.

Dragón y Conejo

Muy buena unión. Las cualidades mundanas y la diplomacia del conejo sirven a la ambición del dragón.

Dragón y Dragón

¡Fuegos artificiales! Compiten permanentemente entre sí. Son muy individualistas, voluntariosos y agresivos.

Dragón y Serpiente

El dragón está orgulloso de tener un compañero elegante, refinado, seductor y tan inteligente. La serpiente deja que queme sus fuegos, le da consejos para que economice energías y deja que crea que el que manda es él. Los dos son quiméricos, se estimulan y saben llenar su alcancía. Aprecian las diferencias que les sirven para amarse mejor.

Dragón y Caballo

Depende de quién sea el señor en la pareja. Al principio se gustan infinitamente; ambos son activos, adoran competir, ambicionan las mismas cosas. Si la señora es dragón, le pide al caballo que la mime y la festeje muy seguido para que la llama no se apague; el caballo no piensa más que en salir a galopar y descubrir nuevos horizontes. Si es a la inversa lo pasarán mejor.

Dragón y Cabra

La cabra buscará protección y confort en el dragón. Este le pedirá que muestre sus dones si quiere ternura y una pradera fértil donde permanecer. También le pedirá que lo aplauda todo el tiempo, y ella verá si las compensaciones son suficientes para seguir a su lado.

Dragón y Mono

La fantasía y la inteligencia del mono atraerán al dragón; jamás se aburrirán. El mono lo estimulará y halagará y se entusiasmará con sus proyectos. Ambos son ambiciosos, adoran recibir, viajar y llevar a cabo grandes empresas. Destinados a las conquistas y el éxito, son una pareja asombrosa.

Dragón y Gallo

El gallo se pavonea, estira sus plumas y canta a la madrugada... el dragón no tiene que hacer esfuerzos para que se lo distinga, es un ser mágico. Pueden ser felices y hacer cosas juntos. El gallo lo cuidará y lo mimará, y el dragón amará al gallo porque lo escuchará extasiado y lo estimulará para que siga brillando con esplendor.

Dragón y Perro

Será mejor que se eviten; realmente no tienen nada en común y nada que compartir. El perro se burla de este animal mítico al que encuentra superficial y pasado de moda; y el dragón no puede bajar a la tierra a comprender los problemas existenciales y cotidianos del perro, que solo reclama afecto y ternura para vivir.

Dragón y Cerdo

El cerdo amará incondicionalmente al dragón, lo mirará fascinado y lo esperará con algún manjar cuando baje de las alturas. El dragón se dejará mimar y se sentirá espléndido en el plano afectivo y en el intelectual. A la larga el cerdo se hartará de la inconsistencia del dragón.

EL DRAGÓN EN LA AMISTAD

Dragón y Rata

Serán compañeros a lo largo de la vida y se estimularán por los logros que consigan.

Dragón y Búfalo

Habrá grandes silencios. Podrán compartir labores en común: cocina, deportes, jardinería.

Dragón y Tigre

Se electrizarán mutuamente. Ambos tienen ideales elevados y se prodigan una grata compañía.

Dragón y Conejo

Compartirán noches de lujuria y al día siguiente se olvidarán de los pecados.

Dragón y Dragón

Dos fuegos de artificio; juntos no saben valorarse el uno al otro.

Dragón y Serpiente

Gustos y proyectos similares; se complementan a la perfección.

Dragón y Caballo

Difícil que se sostenga por mucho tiempo. El caballo es demasiado personal, reclama mucho y da poco. El dragón entrega todo y espera ser retribuido de la misma manera.

Dragón y Cabra

Se necesitarán y apoyarán mutuamente. Compartirán salidas, filosofarán junto a la chimenea y ¡gastarán una fortuna!

Dragón y Mono

Sí; serán cómplices, amigos y confidentes. Y algo más...

Dragón y Gallo

Buscarán aventuras y compartirán enredos. Serán incondicionales y muy confiables.

Dragón y Perro

No. El perro tiene las patas demasiado apoyadas en la tierra, y esto desalienta al dragón.

Dragón y Cerdo
Buenas relaciones. Es cierto que no tendrán ningún problema, pero tampoco ningún empuje.

EL DRAGÓN EN LOS NEGOCIOS

Dragón y Rata
Excelente dupla para intervenir a largo plazo. Formarán un imperio.

Dragón y Búfalo
Habrá puja por el poder y, aunque quieran, no se detendrán a escucharse.

Dragón y Tigre
¡Unión muy positiva! Ambos confían en el poderío y la astucia del otro.

Dragón y Conejo
Todo empezará con un intento que irá creciendo lentamente. Muchas gratificaciones.

Dragón y Dragón
Desaconsejable. Problemas de prestigio.

Dragón y Serpiente
Es posible, aunque si la serpiente deja trabajar al dragón, sin hacer nada ella misma, todo puede terminar mal.

Dragón y Caballo
Pueden durar para un solo negocio, pero no mucho más.

Dragón y Cabra
La cabra puede ser irreemplazable en su tarea artística si está asociada con un dragón empresario o director.

Dragón y Mono
Muy buena asociación. Astucia y potencia. ¡No se separan nunca!

Dragón y Gallo
Bajo la dirección del dragón, el gallo puede descollar en el dominio de las relaciones públicas.

Dragón y Perro
No. El perro pone al descubierto al dragón y este se exaspera.

Dragón y Cerdo
Este dúo comercial sería un éxito seguro, sobre todo porque el cerdo es relativamente modesto.

RELACIÓN PADRES E HIJOS

Padre Rata, hijo Dragón
Ambos son sentimentales y revoltosos: confían en su astucia y su poder de seducción. La rata estimulará al dragón y este actuará con condescendencia.

Padre Búfalo, hijo Dragón
Insatisfacción. El dragón tiene tendencia a considerar torpe al autor de sus días, y tratará de ocultarlo, pues le parece «denso» en sociedad.

Padre Tigre, hijo Dragón
El tigre estimulará la ambición del dragón y se sentirá acompañado.

Padre Conejo, hijo Dragón
Solo con la condición de que lo deje soberanamente en paz, al conejo no le molestará que su hijo dragón resplandezca.

Padre Dragón, hijo Dragón

Se sentirán embelesados y reflejados en la decisión de querer cambiar el mundo. Entre ellos no habrá secretos ni rencores.

Padre Serpiente, hijo Dragón

Buscarán fama, poder y gloria y seguramente los encontrarán. Ambos sentirán orgullo y satisfacción por la relación que los une.

Padre Caballo, hijo Dragón

Todo marchará bien, pase lo que pase. Cada uno hace su vida sin alterar el ritmo del otro.

Padre Cabra, hijo Dragón

Tendrán anécdotas para contar. Una vida familiar apacible que dará frutos.

Padre Mono, hijo Dragón

Muy bien. El mono aporta todo de sí al dragón, que es buen aprendiz. Admiración mutua.

Padre Gallo, hijo Dragón

Difícil convivencia. El gallo admira demasiado al dragón, lo cual a veces resulta contraproducente.

Padre Perro, hijo Dragón

Una relación con muchas asperezas. Es difícil que se entiendan. El dragón detesta las críticas y el perro no las escatima.

Padre Cerdo, hijo Dragón

Esta relación será positiva pues el carácter del cerdo y su buena predisposición resultarán de mucha utilidad para el dragón.

CÓMO LE VA AL DRAGÓN
EN LOS DIFERENTES AÑOS

Año de la Rata

La rata adora al dragón. Sus amores este año serán alegres. Sus alcancías estarán llenas de dinero, que aprovechará para ahorrar en previsión de los años venideros. Hará excelentes negocios, la suerte lo acompaña.

Año del Búfalo

El dragón estará protegido de los problemas externos. Este lanzallamas no tendrá motivos para inflamarse. A pesar de que el búfalo mira al dragón con cierta perplejidad, no llega a tornarlo agresivo.

Año del Tigre

Este año tendrá razones para oponerse a los demás; le bloquearán sus impulsos y todo será difícil y complicado. Ante esta situación se pondrá nervioso y querrá incendiar a sus adversarios. Sus ideas no agradarán a todo el mundo. Tendrá la obligación de hacer elecciones y hasta su legendaria seducción dejará indiferentes a los demás.

Año del Conejo

Este año vuelven la tranquilidad y la serenidad en la vida del dragón. No tiene nada que temer del conejo; su vida familiar será espléndida, las noticias buenas, y podrá disfrutar de una promoción.

Año del Dragón

El dragón sube al estrado para recibir los aplausos del público. Este año todo le estará permitido; siente entusiasmo, la vida es excitante, corre de fiesta en fiesta y no tiene un minuto para darnos. Vive a velocidad; hay que darle paso.

Año de la Serpiente

Este año deberá ocuparse de su familia; si no lo hace lo desalojarán. Hay oposición en el aire, pero al dragón le gusta tener algunos conflictos; eso lo estimula.

Año del Caballo

El dragón vuela y el caballo no puede seguirlo: el dragón se angustia. Se inflama por cualquier cosa, dramatiza todo, se imagina lo peor. Deberá calmar su agresividad y todo será más llevadero.

Año de la Cabra

El dragón descansa. Posa una mirada tierna y atenta en su familia. Durante este año economizará energía no quemando la suya.

Año del Mono

El dragón necesitará asesoramiento jurídico antes de hacer negocios. Debe tener control sobre sus actos y no exaltarse. Estará al borde de varios ataques de nervios; no se olvide de su familia.

Año del Gallo

El dragón se pavonea: encuentra quien lo ayude, paga sus deudas y halla aliados influyentes. Lo pasará bien; progresará, tendrá nuevos amigos y relaciones, dinero y promociones.

Año del Perro

Tendrá enfrentamientos con personas que no comparten su visión de la vida; si tiene la prudencia de no reducirlos a cenizas, se podrá arreglar. Actúe con diplomacia, busque un amigo que lo represente para que discuta en su lugar.

Año del Cerdo

El dragón encontrará la ocasión de cautivar a los demás. Su vida familiar será alegre, abrirá las puertas de su casa, festejará este año de gracia invitando amigos. Todos estarán maravillados y felices de poder tocar sus míticas escamas. Fundamentalmente, es un año de placer, pero los negocios irán bien.

Dragón de madera

Pablo Neruda

Dragón de fuego

Shakira

Serpiente

Serpiente

ATRACCIÓN FATAL

....

Ficha técnica
Nombre chino de la serpiente: SHE
Número de orden: SEXTO
Horas regidas por la serpiente: 09.00 a 11.00
Dirección de su signo: SUD-SUDESTE
Estación y mes principal: PRIMAVERA-MAYO
Corresponde al signo occidental: TAURO
Energía fija: FUEGO
Tronco: NEGATIVO

Eres serpiente si naciste
23/01/1917 - 10/02/1918
SERPIENTE DE FUEGO

10/02/1929 - 29/01/1930
SERPIENTE DE TIERRA

27/01/1941 - 14/02/1942
SERPIENTE DE METAL

14/02/1953 - 02/02/1954
SERPIENTE DE AGUA

02/02/1965 - 20/01/1966
SERPIENTE DE MADERA

18/02/1977 - 06/02/1978
SERPIENTE DE FUEGO

06/02/1989 - 26/01/1990
SERPIENTE DE TIERRA

24/01/2001 - 11/02/2002
SERPIENTE DE METAL

10/02/2013 - 30/01/2014
SERPIENTE DE AGUA

APARECISTE

Cuando había navegado
todos los mares
y solo en la Antártida
faltaba refugiarme.

Cuando al cielo
miraba sin aclimatarme.

Cuando el purgatorio
era mi morada
y lo aceptaba.

Cuando la vida
me confinaba.

Cuando supe
que mi karma estaba saldado.

APARECISTE.
APARECISTE.
APARECISTE.

L. S. D.

LA PERSONALIDAD DE LA SERPIENTE

A medida que pasa el tiempo noto que apenas conozco a
alguien y afilo mi tercer ojo o percepción, puedo casi infali-
blemente detectar a qué signo pertenece esa persona. Y debo
admitir que cuando me topo con una serpiente, la capto a
veinte mil leguas de viaje submarino. Son fáciles de reconocer
por su vibración esotérica, que se transmite a través de ondas
magnéticas.

La serpiente es, junto al dragón, el signo más venerado y respetado en Oriente. Su presencia no pasa inadvertida, está rodeada de un halo de misterio que se siente al tomar contacto o con solo percibirla a la distancia. Su energía es condensada y está dirigida hacia un objetivo muy claro y definido. Cuando alguien es el blanco de ella hay dos caminos: huir despavorido o dejarse enroscar hasta que el destino opte por uno, pues una vez que ella decide apresarte, no hay escapatoria.

La serpiente es considerada sabia, pues su excepcional intuición le permite saber qué debe hacer antes de actuar, y entonces se desplaza por los laberintos de la vida con una gran soltura; tiene una antena parabólica que le dicta los pasos que debe seguir para alcanzar la cima del Aconcagua.

En general este signo produce grandes filósofos, científicos y artistas, pues su inteligencia y sagacidad, unidas a un carácter estable y constante, da por resultado una destacada personalidad. Es un hábil estratega que sabe los puntos vulnerables de quien tiene enfrente y apela a todos sus recursos para conquistarlo y seducirlo. Sean hombres o mujeres, son refinados, cultos y muy estéticos. A veces (no muchas) hablan poco, son excelentes interlocutores buscados por los demás para disertar en temas filosóficos, metafísicos o abstractos.

Nació para triunfar y si usa su irresistible seducción y sus recursos —no siempre legales—, llegará lejos en la vida. Tiene sangre fría, calcula las jugadas y no se detiene ante ningún obstáculo. Lúcida y cerebral, la vida es para ella una jugada de ajedrez. Si fracasa, se sentirá muy disminuida y tendrá cierta tendencia suicida o autodestructiva. Mundana, adora salir con gente conocida, figurar, estar en la vidriera y codearse con el *jet set*. Es esnob y muy intrigante. Necesita que la adulen y agasajen permanentemente para sentirse querida y fundamental en la vida de los demás.

Las serpientes de verano y las nacidas durante el día serán más trabajadoras y constantes que las nacidas en invierno y de noche. Su mayor virtud es su habilidad para resolver problemas en cinco minutos y producir sucesos milagrosos; su peor defecto es su sed de venganza cuando alguien la traiciona o no sigue las pautas que determina.

LA SERPIENTE Y EL TRABAJO

Lo que más le gusta es lograr sus objetivos sin derrumbarse de cansancio. Cuando se entusiasma con un trabajo es capaz de dedicarse día y noche hasta sacarlo adelante. Detesta la lucha perpetua y el estrés, y no pierde el tiempo en gastos inútiles. Tiene visión e intuición para las inversiones. Negociadora y analítica, podría ser un temible político. En casos de crisis, su sangre fría la hace indispensable. Sabe encontrar la solución a todos los problemas, es responsable y consecuente. Tiene mucha suerte para conseguir lo que se propone sin demasiado esfuerzo.

LA SERPIENTE Y EL DINERO

Si vivió una infancia más bien humilde, tendrá tendencia a compensar acumulando bienes materiales. Ama el lujo, los objetos bellos, los viajes, los hoteles cinco estrellas y la buena comida. El dinero le interesa por el placer que le procura, y además porque le encanta acumularlo para acariciarlo. Por momentos oportunista, elegirá actuar en un medio donde encuentre gente que la ayude a engrosar su cuenta en el banco. Es un as para los negocios; le fascina derrochar el dinero que ha ganado para vivir lujuriosamente.

LA SERPIENTE Y SUS AMORES

La pasión y el fuego interior son primordiales para vivir. Nunca dejará partir a su pareja si piensa que puede ser feliz en otro lado. Para resistir a sus manejos de seducción hay que hacerse vacunar desde el nacimiento; se enrosca e hipnotiza a su presa para convertirla en esclava de sus deseos.

Celosa y posesiva, es también infiel. Tiene necesidad de atrapar a otra presa nada más que para saber si la seducción funciona. Es un Don Juan o una *femme fatal*. Para seducirla hay que tener diálogo físico e intelectual, hay que rendirse a sus pies; ser erótico, elegante, sofisticado y, sobre todo, muy divertido.

LA SERPIENTE Y LA FAMILIA

La vida familiar es una de sus mejores realizaciones y aspiraciones. Será tierna, generosa, comprensiva y muy autoritaria con sus seres queridos; se podrá contar con ella para llevar la casa adelante. Lo importante es que no la ahoguen, para que se sienta libre en sus acciones y pensamientos.

LA SERPIENTE Y SU ENERGÍA

SERPIENTE DE MADERA (1845-1905-1965)

Una serpiente encantadora, sagaz, brillante y comprensiva. Es visionaria y lo que dice siempre resulta interesante. Sabe vivir; ama el lujo, la seda, la buena comida, el champán y todos los placeres de la vida. Necesita seguridad afectiva y estabilidad material y moral. Sus amigos la adoran porque es fiel y constante. Su sabiduría radica en que capta los deseos de los demás y se desvive para complacerlos.

Personajes famosos

Pablo Motos Burgos, Daniela Mercury, Christian Dior, Henry Fonda, Catherine Fulop, Myrna Loy, Claudette Colbert, Brooke Shields, Greta Garbo.

SERPIENTE DE FUEGO (1857-1917-1977)

Es la más feroz y dominante de las de su especie. Magnética, hipnotiza a quienes la rodean. Su ambición es desmedida; ama el poder y, como es una líder innata, sabe ejercerlo. Llegará a ocupar cargos públicos y será muy famosa gracias a la fe que se tiene, y a que nadie se anima a resistirla. Ama u odia y se burla de los estados de ánimo de sus víctimas; sus juicios no se discuten. Despertará pasiones mortíferas.

Personajes famosos

Natalia Oreiro, Dean Martin, Robert Mitchum, Mel Ferrer, Joan Fontaine, John Fitzgerald Kennedy.

SERPIENTE DE TIERRA (1869-1929-1989)

Plena de encanto, no pasa inadvertida, la gente la adora. Tranquila y misteriosa, leal y amistosa, posee una personalidad cálida, demostrativa y tierna. Más flexible que sus hermanas, antes de juzgar, reflexiona, y eso la hace más comprensiva. Actúa sin vueltas, y en un instante enrosca a su presa, y la deja titilando de amor.

Es ambiciosa, pero sabe ir despacio para llegar a sus metas. Apela a su sangre fría cuando debe resolver algo. Sabe levantar la moral como nadie. Puede administrar el dinero y multiplicarlo gracias a sus dotes de financista.

Personajes famosos.

Roberto Gómez Bolaños «Chespirito», Gandhi, Alejandro Jodorowsky, Irene Papas, princesa Grace de Mónaco, Anna Frank, Jacqueline Onassis, Milan Kundera, Rey Hassan de Marruecos.

SERPIENTE DE METAL (1881-1941-2001)

Tiene una voluntad de hierro, es determinante, ambiciosa y muy inteligente. Intrigante, misteriosa, irresistiblemente seductora, ejerce una influencia satánica sobre los demás. Ama el lujo, los objetos caros, las lentejuelas, las mansiones con regimientos de servidumbre, los viajes a Nueva York y Europa por tiempo indeterminado y con todas las tarjetas de crédito con vía libre para gastar. Sueña con ser la primera; influencia a los demás y manipula a las masas: el fin justifica los medios...

Es muy exigente y posesiva con los demás, tiene algo de dictadora; le cuesta mucho adaptarse, modificarse y ser humilde. Su omnipotencia le traerá problemas afectivos graves.

Personajes famosos

Raúl Ruiz, Carlos Perciavalle, Antonio Gasalla, María Teresa Campos, Fedor Dostoievski, Pablo Picasso, Luis Alberto Lacalle, Tom Fogerty, Palito Ortega, Juan XXIII, John Lord, Ryan O'Neal, Paul Anka, Carole King, Bob Dylan, Franklin Roosevelt, Charlie Watts.

SERPIENTE DE AGUA (1893-1953-2013)

Su sensibilidad es la de un filósofo, pensador o artista, lo que no le impide ser muy realista y un as para los negocios. Materialista y práctica, sabe acceder a puestos influyentes con lucidez y sangre fría, allí maneja alegremente el patrimonio material o intelectual de sus semejantes. Parece dormida y pasiva, pero su fuerza se oculta en el agua, que le corre como sangre por su cuerpo despiadadamente sensual y flexible. Su humor es fino y sagaz.

Personajes famosos

Oprah Winfrey, Mao Tse Tung, Tom Hulce, Leonor Benedetto, John Malkovich, Thomas Jefferson.

LA SERPIENTE Y SU ASCENDENTE
O COMPAÑERO DE CAMINO

Serpiente ascendente Rata: 23.00 a 01.00

Detrás de su aspecto amable y misterioso, es una hechicera, agresiva y peleadora. Tierna y afectuosa, no mezcla el amor con el dinero. Tiene un humor negro nada fácil de digerir.

Serpiente ascendente Búfalo: 01.00 a 03.00

Bajo su aspecto de serpiente dormida, posee una voluntad temible. Se finge contemplativa, seductora, pero es muy testaruda. Sabe como nadie sortear caminos difíciles.

Serpiente ascendente Tigre: 03.00 a 05.00

Desconfiada, saca sus colmillos y prefiere adormecer a sus

víctimas con su veneno. Aprende a esquivar los problemas y es flexible para obtener el alimento.

Serpiente ascendente Conejo: 05.00 a 07.00
Convence hasta a las piedras; es una negociadora hábil, notable y desconcertante. Seductora, hipnotiza a sus interlocutores y, aunque a veces desaparezca, siempre encuentra gran notoriedad por su picadura mortal.

Serpiente ascendente Dragón: 07.00 a 09.00
Desea cambiar el mundo y sus cosas, y concreta sus sueños en obras. La suerte está a su lado. Es capaz de actos gratuitos; posee una personalidad hechicera que envuelve a quienes se le acerquen. Una serpiente que escupe fuego no se encuentra todos los días.

Serpiente ascendente Serpiente: 09.00 a 11.00
Es la caja de Pandora. Cuesta saber qué quiere y qué piensa. Enigmática, profunda e inteligente, cuando uno cree tenerla, se escapa. Atrapa a su presa, se acuesta sobre ella, y ¡cuidado con quien quiera acercarse! Es Otelo reencarnado.

Serpiente ascendente Caballo: 11.00 a 13.00
Optimista, entusiasta, detesta perder; la palabra fracaso la fulmina. Es capaz de usar cualquier arma para lograr sus fines. Seductora y hechicera, rompe los corazones frágiles sin ninguna culpa.

Serpiente ascendente Cabra: 13.00 a 15.00
Artista, intuitiva y lúcida, es esencialmente infiel. Brinca, vagabundea, pero sabe agarrar la suerte al vuelo mejor que nadie. Muy gastadora y con gustos lujosos, bajo su aspecto tierno y gentil puede tener una mala fe temible.

Serpiente ascendente Mono: 15.00 a 17.00
Tiene complejo de superioridad y lo transmite. Seductora,

está dotada para triunfar y nadie se le resiste. Se cree la dueña de la verdad. Es una intelectual con poderes sobrenaturales.

Serpiente ascendente Gallo: 17.00 a 19.00
Adora que la destaquen y cuida su *look*. Nació para mandar aunque disimule sus intenciones bajo un aspecto frívolo. Si la contradicen reacciona con agresividad, y pone en duda la palabra de los demás cuando le conviene.

Serpiente ascendente Perro: 19.00 a 21.00
Vivirá atormentada; tiene un alto grado de moral y se cuestionará absolutamente todo. Se siente segmentada porque la serpiente le hace amar el lujo y gastar. El perro leal, fiel, pesimista e inquieto se pregunta si es bueno ser tan hechicero. Tiene una fuerte tendencia a dramatizar y analizar sus actos.

Serpiente ascendente Cerdo: 21.00 a 23.00
Goza de todos los placeres de la vida; a veces siente culpa. Es gentil, leal y sincera, comprensiva y brillante en el trato con la gente. Astuta para los negocios, sabe defenderse porque ama las recompensas materiales.

CONJUGACIÓN DE LA SERPIENTE
CON EL HORÓSCOPO OCCIDENTAL

Serpiente Aries
Este reptil se cuestionará problemas existenciales y se desplazará por la Tierra llamando la atención: entusiasta, franca y generosa, saldrá a luchar por sus ideales aunque tenga objetivos concretos y accesibles. Es práctica y a veces elegirá el camino más corto para no esforzarse demasiado.

Serpiente Tauro
Es una serpiente pura sangre; realista, materialista, sensual.

Adora viajar, comer bien, vestirse llamativamente y no privarse de placeres. Demasiado materialista para perder el tiempo, solo se mueve si intuye que habrá ganancias. Si logra descollar en su vocación alcanzará el éxito y hará fortuna. Es enfermizamente celosa y posesiva. ¡Cuidado con las venganzas!

Serpiente Géminis

Una serpiente inquieta que se mete en todo; corre, se agita, se contorsiona y predica. Es mental; calcula las palabras y los movimientos antes de actuar. Brillante, diplomática, hábil, su seducción es tremenda. Una ganadora en cuestiones del corazón: produce infartos y abraza a su presa hechizando como nadie.

Serpiente Cáncer

Le gusta vivir con la ley del mínimo esfuerzo; el riesgo la perturba y la desmoraliza. Hipersensible, necesita el afecto de su familia y sus amigos para sentirse bien. Intuitiva, imaginativa, tierna, tiene gran tenacidad para lograr el objeto de sus deseos. Cuando lo consigue, lo guarda bien apretado junto a ella. Si está motivada hace su trabajo en un tiempo récord. Aunque parezca perezosa esconde una temible voluntad y triunfa cuando se le da la gana.

Serpiente Leo

Como el sol, es el centro de atención y jamás pasa inadvertida. Quiere ser la primera, no soporta perder y trabaja infatigablemente para ser reconocida. El amor y la admiración de los demás la ayudan en sus andanzas. Lúcida, inteligente y brillante, su refinado humor la destacará social y públicamente. Una gran estratega que nació para mandar, aunque lo disimule muy bien. Adora el lujo y hace gastos suntuosos para conquistar a su amor.

Serpiente Virgo

La organización la obsesiona. Eficaz, lúcida, inteligente,

perfeccionista y trabajadora, no soporta que la saquen de su Tao. Es muy materialista y ambiciosa, trabajará incansablemente para llegar a sus metas sin dar la impresión de que se muere de cansancio. Ultrarrefinada, mundana y crítica, sabe coquetear para atrapar a su presa.

Serpiente Libra
Es tan seductora, que resulta casi imposible resistir su hechizo. Busca la belleza, la armonía y el equilibrio en cada cosa y cada acto de su vida. Sufre por la injusticia y sale a combatir por los oprimidos. Sociable y diplomática, posee una extraordinaria sensibilidad que le abre puertas al más allá.

Serpiente Escorpio
Si tiene a esta serpiente a favor será un afortunado. Si la tiene en contra, puede morir envenenado. Posee poderes sobrenaturales; escéptica, secreta, intuitiva, psicóloga, conoce aquellas motivaciones que escondemos cuidadosamente y desmenuza cada cosa hasta disecarla completamente y entenderla. Posee una fuerza interior poco común que le permite afrontar cambios profundos. Tiene necesidad de cambiar de piel y evolucionar, y acepta sus propias mutaciones. En el amor es totalitaria y muy protectora.

Serpiente Sagitario
Dinámica, independiente, respetuosa de los cambios de los demás, es una idealista que actuará con nobleza. Tiene impulsos de libertad, pero sabe elegir el momento exacto para actuar. Su alma de consejera no entiende cómo usted no sigue sus recomendaciones al pie de la letra. Es muy afortunada en lo económico y adora compartir las ganancias con sus amigos. Se puede contar con ella en los momentos difíciles.

Serpiente Capricornio
El tiempo es oro es su lema y no hará nada que la desvíe de este objetivo. Sabe que para llegar hace falta tiempo, paciencia

y ambición. No le tiene miedo a nadie; es una individualista y detesta las multitudes, los chismes y la vida mundana. Tiene sangre fría y no se deja abatir por las emociones. Una serpiente de colección, pero cuando quiere es capaz de ahorcar a sus enemigos.

Serpiente Acuario

Ella sueña con cambiar el mundo. Intuitiva, visionaria genial, inventora famosa, es una inadaptada frente a la realidad cotidiana, que la aburre totalmente. Creativa y original, está hecha para las grandes causas, pero hay que despertarla de su sopor. Tironeada entre sus amores eternos y su necesidad de independencia, puede parecer indiferente e insegura.

Serpiente Piscis

Será una serpiente original. Deberá desarrollar su genio y fluir en su mundo de desorden e irracionalidad. Adora los dramas, sueña lo peor y la pasión la sumerge en un laberinto que la inspira para crear y llegar a ser la primera sin que nadie se dé cuenta.

LA SERPIENTE EN EL AMOR

Serpiente y Rata

Se sentirán muy unidas y admirarán sus respectivos logros personales. Por ser posesivas, un poco morbosas y muy materialistas pueden correr grandes riesgos.

Serpiente y Búfalo

Son selectivos, muy cautelosos y amantes del hogar. Su unión será muy feliz porque tendrán los mismos objetivos en la vida.

Serpiente y Tigre

Entre ellos solo habrá un chispazo fugaz y, aunque a veces

se sientan atraídos por sus respectivas diferencias, con el tiempo sentirán un abismo insalvable.

Serpiente y Conejo

Juntos se sentirán relajados y felices, y ambos buscarán todos los momentos para estar al calor de la chimenea, unidos.

Serpiente y Dragón

Gastarán mucho dinero y cuando formalicen su relación se perderá toda la magia que los ha rodeado. Pero se divertirán y atraerán más de lo común.

Serpiente y Serpiente

La vida diaria será llevadera si son multimillonarios como Jackie y Onassis. Aun así se ahogarán mutuamente. Competirán y sufrirán el egocentrismo del otro como si fuera propio.

Serpiente y Caballo

Tendrán una fuerte atracción sexual e intelectual al principio. Después la serpiente sufrirá los ataques repentinos de independencia del caballo, que no sentirá afinidad con las elucubraciones de su compañera de vida.

Serpiente y Cabra

Habrá afinidades intelectuales, estéticas y creativas; se divertirán juntos, pero, cuando haya que pagar las cuentas, la serpiente encontrará que la cabra es poco realista.

Serpiente y Mono

Como los dos son inteligentes, astutos y profundos, no podrán estar juntos mucho tiempo, pues competirán y se sacarán chispas. Si ceden un poco pueden pasarlo realmente bien.

Serpiente y Gallo

Nacieron el uno para el otro. Tienen intereses comunes, aman el lujo, el confort y el dinero. Se estimulan y admiran mutuamente. La serpiente se divierte con las excentricidades del gallo y este se siente protegido por la solidez del reptil.

Serpiente y Perro

El perro se enamora de la inteligencia profunda de la serpiente, se siente subyugado por su talento para resolver problemas aunque a veces no comparta su moral. La serpiente astuta y seductora sabe mantenerlo en estado de dependencia afectiva.

Serpiente y Cerdo

El cerdo es inocente, crédulo, y posee un alma simple; se siente muy atraído por la serpiente, que despliega toda su seducción. En la cama se entienden maravillosamente, pero un día él se desilusionará de esa tortuosa criatura y se irá.

LA SERPIENTE EN LA AMISTAD

Serpiente y Rata

Podrán mantener un vínculo duradero porque ambos tienen los mismos propósitos y ambiciones.

Serpiente y Búfalo

La confianza es total. Necesitan y consiguen adaptarse en sus diferencias.

Serpiente y Tigre

Desconfiarán y se perderán en dudas.

Serpiente y Conejo

Si el conejo no abusa se llevarán muy bien y compartirán un montón de cosas.

Serpiente y Dragón

Se entienden a las mil maravillas. Abrirán rumbos en la vida.

Serpiente y Serpiente
A veces sí, otras no. Dependerá de la autoestima de cada una.

Serpiente y Caballo
Las cóleras del caballo resbalarán sobre la sabiduría de la serpiente.

Serpiente y Cabra
La serpiente ayudará a la cabra y lograrán ser felices. A veces chocarán en su visión de la moral.

Serpiente y Mono
Relaciones sin calidez. Tirantez permanente y difícil entrega amorosa.

Serpiente y Gallo
Se ayudarán en los momentos de crisis. Siempre tendrán mucho que decirse.

Serpiente y Perro
Los unirán sentimientos superficiales, sin continuidad afectiva.

Serpiente y Cerdo
Se atraerán irremediablemente. Relación llena de altibajos.

LA SERPIENTE EN LOS NEGOCIOS

Serpiente y Rata
Hay posibilidades, siempre que controlen la gula por el dinero. Busquen un buen abogado para que regule sus instintos.

Serpiente y Búfalo
Deberían abstenerse, aunque el búfalo ponga el esfuerzo y la serpiente la intuición.

Serpiente y Tigre
¡No! Por el bien de la humanidad...

Serpiente y Conejo
Si se lo toman en serio y no mezclan distracciones que los perturben, tendrán éxito.

Serpiente y Dragón
Asociación exitosa, creativa, imaginativa y redituable. ¡A trabajar!

Serpiente y Serpiente
Tendrán ideas geniales. En la práctica fracasarán porque las dos querrán ser las dueñas absolutas.

Serpiente y Caballo
Buena sociedad; la serpiente reflexiona y el caballo trabaja.

Serpiente y Cabra
La serpiente es sabia, ¡pero no sabe dirigir! La cabra hará tonterías. Puede ser siempre que la cabra sea muy responsable y la serpiente tolerante.

Serpiente y Mono
¡Atención! Acá puede haber serios problemas para la serpiente. Como el mono suele ser diabólico, convendrá que no se aten.

Serpiente y Gallo
Pura charlatanería. Y si concretan, necesitarán a alguien más en la sociedad.

Serpiente y Perro
Puede ser posible después de todo, pero la perspectiva no es demasiado prometedora.

Serpiente y Cerdo
Mejor derivar el negocio a un buen paseo o una reunión secreta y salir en busca de nuevos horizontes.

RELACIÓN PADRES E HIJOS

Padre Rata, hijo Serpiente
Tienen los mismos ideales espirituales y materiales. Con los sentimientos saben especular y hasta podrán ser socios exitosos.

Padre Búfalo, hijo Serpiente
La serpiente tiene la prudencia de obedecer... o simular que lo hace.

Padre Tigre, hijo Serpiente
Comprensión total, porque la serpiente hace lo imposible para llamar su atención.

Padre Conejo, hijo Serpiente
Son amigos. Buenos conversadores, tienen tacto, sensibilidad, afinidad y mucho humor.

Padre Dragón, hijo Serpiente
La serpiente admira el brillo del dragón aunque no se preste a su ilusión.

Padre Serpiente, hijo Serpiente
¿Quién somete a quién? Que el hijo se case rápido; después sería demasiado tarde.

Padre Caballo, hijo Serpiente
La serpiente enjuicia severamente a sus padres, a quienes considera demasiado apasionados. En caso de conflicto no les dará la razón.

Padre Cabra, hijo Serpiente
De buen grado la cabra se deja acaparar por su hijo a condición de que se ocupe de ella en su vejez.

Padre Mono, hijo Serpiente
Los dos son fuertes y tienen sus secretos para convencer al otro. La astucia y la sabiduría pueden convivir.

Padre Gallo, hijo Serpiente
La vida no es solo dialéctica. Hay que salir a trabajar.

Padre Perro, hijo Serpiente
El perro siente que debe soportar cosas sin protestar. No le gusta la sabiduría contemplativa.

Padre Cerdo, hijo Serpiente
Al cerdo no le queda otra cosa que ser víctima de su propio invento.

CÓMO LE VA A LA SERPIENTE
EN LOS DIFERENTES AÑOS

Año de la Rata
Este año ponderarán sus méritos y cosechará laureles. Habrá proyectos nuevos y originales. Sus entradas de dinero compensan sus gastos, pero no juegue al banquero con sus amigos. A su alrededor el mundo se sacude; eso lo divierte o lo molesta, según su humor...

Año del Búfalo
Su palabra no basta este año. Deberá aportar pruebas concretas para que lo escuchen. Tienen envidia por su dinero y le enjabonan el piso. No sea obcecado, vigile todo, sepa esperar y tenga paciencia.

Año del Tigre

No juegue a la serpiente de cascabel ni se haga la víctima con el pretexto de que los otros la ponen nerviosa y la contrarían. Tome la vida con filosofía.

Año del Conejo

Estará solicitada por todas partes, llena de proposiciones. No tendrá ni un minuto para consagrarlo a sus amores o a su familia. Gastará alegremente lo que ganará con suma facilidad.

Año del Dragón

Será envidiada por sus colegas. No despilfarre ni cometa excesos porque las entradas de dinero van a ser muy escasas este año.

Año de la Serpiente

Los resultados no estarán a la altura de sus ambiciones; aproveche para dedicarse al amor y el resto del tiempo consolide su situación. Sea sabia y paciente; evite los compromisos impulsivos y no dramatice.

Año del Caballo

Turbulencias en su vida afectiva; no pierda su sangre fría y no deje que la manejen sus emociones. Hará un balance general de su vida.

Año de la Cabra

Será un año de fiesta. Saldrá a bailar, a vagabundear, y descansará de los últimos años de agitación. Gente nueva aparecerá en su horizonte.

Año del Mono

Trate de no pelearse con todo el mundo y de mantener la dignidad. Le tenderán la mano y obtendrá excelentes resultados. Sepa improvisar y sea espontánea.

Año del Gallo

Recogerá los frutos de esfuerzos anteriores: su tren de vida mejora, agranda su casa, recibe amigos, su comunicación familiar es apacible. ¿Qué más se puede pedir?

Año del Perro

Sus ideas interesan a los demás; le hacen proposiciones. La suerte la protege, hay nuevos proyectos en el horizonte. Las cosas se van resolviendo de a poco.

Año del Cerdo

Será un año de grandes cambios. Tal vez se separe o deba rendir cuentas a alguien. Las finanzas tambalearán y se sentirá más sola e incomprendida que nunca.

Serpiente de agua

Oprah Winfrey

Serpiente de tierra

Roberto Gómez Bolaños
«Chespirito»

Caballo

Caballo

SEXO, ALFALFA Y *ROCK AND ROLL*

....

Ficha técnica
Nombre chino del caballo: MA
Número de orden: SÉPTIMO
Horas regidas por el caballo: 11.00 a 13.00
Dirección de su signo: DIRECTAMENTE AL SUR
Estación y mes principal: VERANO-JUNIO
Corresponde al signo occidental : GÉMINIS
Energía fija: FUEGO
Tronco: POSITIVO

Eres caballo si naciste
11/02/1918 - 31/01/1919
CABALLO DE TIERRA

30/01/1930 - 16/02/1931
CABALLO DE METAL

15/02/1942 - 04/02/1943
CABALLO DE AGUA

03/02/1954 - 23/01/1955
CABALLO DE MADERA

21/01/1966 - 08/02/1967
CABALLO DE FUEGO

07/02/1978 - 27/01/1979
CABALLO DE TIERRA

27/01/1990 - 14/02/1991
CABALLO DE METAL

12/02/2002 - 31/01/2003
CABALLO DE AGUA

31/01/2014 - 18/02/2015
CABALLO DE MADERA

Amé tanto a los caballos
y así quedé...
llena de fuego, y una herradura de amuleto
que uso como cencerro.
Esquilmé mi piel sobre sus ancas
incendiando sexo entre sus patas,
impregné sudor galopando al infinito,
saltando al vacío, sin freno ni estribos.
Rasqueteé sus sentidos, amplificando los míos,
cepillé sus crines, desenmarañando abrojos,
les di más de una penca de alfalfa por día,
y un corral para atenuar sus horas aturdidas.
Les puse bozal y barbada cuando era necesario,
y los dejé relinchar a la luna
cuando lloraban por nada,
casi no usé montura, preferí recado liviano
para no dejarles marcas.
Me tiraron al piso sin aviso,
y por un tiempo largo no pude levantarme
se arrepintieron como potrillos,
entonces, preferí visitarlos en la calesita
y sacarme la sortija, de vez en cuando.
Dejaron en mí un remolino extraño,
imposible reemplazarlo con experimentos raros.
Aprendimos juntos a vivir separados
haciéndonos el amor como marcianos.

L. S. D.

LA PERSONALIDAD DEL CABALLO

Ha querido el Tao que me haya topado con más de un caballo en mi vida y siga viva. Hay que tener mucho humor, amor hacia la vida y un aguante de faquir para entender y aceptar al animal más antojadizo del calendario chino.

El caballo es un ser instintivo, irracional e intuitivo al que no hay que pedirle absolutamente nada que no le nazca espontáneamente. Su vida estará impregnada de acontecimientos llenos de matices y altibajos. Es un esclavo de sus emociones, por eso su vida estará signada por la pasión y eso le impedirá lograr un equilibrio emocional.

Se lo reconoce apenas llega a un lugar por su llamativa presencia; es muy *sexy*, simpático, y se viste muy bien. Tiene una voz muy particular, que sale como un relincho de su atractiva mandíbula. Su esencia es noble y buscará siempre defender la libertad, la justicia y los derechos humanos; tiene pasta de líder y adora arengar a las multitudes. Es popular y siempre participa en todo tipo de manifestaciones políticas y culturales. Por él pasa la vida, la novedad, el hoy, el presente.

El caballo tiene una personalidad transparente; es imposible que trate de ocultar algo, pues se le nota de inmediato. Es impaciente, necio y muy esquemático en su manera de vivir; no le gusta que lo contradigan y le cambien los planes. Le gusta mandar y que lo obedezcan. Si no lo siguen en su galope es capaz de volverse loco.

Necesita estar rodeado de gente que lo estimule, adule y acompañe en sus travesías; es caprichoso e infantil en sus reacciones. Tiene una manera muy inmadura de encarar la vida y escapa al dolor y al sufrimiento con reacciones hipocondríacas o dramáticas.

Tiene orgullo, amor propio y sangre caliente cuando lo provocan y no duda en vengarse drásticamente si lo hieren.

El caballo despista a los demás por su apariencia. Su aspecto exterior es fuerte y brioso, pero interiormente es débil e inseguro. Tiene cualidades de triunfador, pero a veces se boicotea y castiga a sí mismo. Su orgullo satánico le impide aceptar lo que le pasa y ser más humilde. Le cuesta aceptar consejos y mutar su filosofía de vida. Buscará incansablemente trascender por las buenas o por las malas...

EL CABALLO Y EL TRABAJO

Tiene salud, entusiasmo y coraje para iniciar cualquier empresa, pero es fundamental que sea el jefe o el inventor del proyecto. Le gustará proponer ideas, participar física y mentalmente y no delegar absolutamente nada. Es capaz de conseguir por su fe y convencimiento lo que a otros les lleva años, y no claudicará si no se siente derrotado. Es un ser lleno de creatividad y talento, y si tiene una vocación muy definida trabajará hasta el agotamiento para ver su obra coronada de éxito.

Es diestro en los trabajos de ingenio aunque a veces resulte inconstante y distraído. Su mayor felicidad: sentirse útil para los demás.

EL CABALLO Y EL DINERO

Lo pasa mejor con dinero que sin él, pero si no lo tiene es feliz igual. Es un consumista nato; cuando va de compras vuelve sin un centavo. Le encanta gastar en comer, salir y divertirse, y es muy generoso con sus amigos. No conoce el verbo ahorrar, el dinero le quema en las manos. Hará fortuna y la derrochará; tal vez después aprenda a administrar mejor su dinero. Pero si usted vive con él, no tenga la pésima idea de dejar su dinero a su alcance; lo verá derocharlo...

EL CABALLO Y SUS AMORES

Aquí está el punto G de nuestro querido caballo. La vida sin amor es lo mismo que la muerte. Todo lo que lo mueve, lo inspira, estimula y emociona se produce a través del amor. Da lo mejor de sí mismo cuando ama y se convierte en un ser adorable, tratable, dócil, lleno de imaginación y vitalidad. Es un apasionado amante, un romántico poeta, un seductor irresistible; todo está impregnado de amor en su vida cuando se enamora. Es un dotado en su manera de seducir y tiene un sentido del humor contagioso y sutil. Se convierte en Otelo reencarnado y más vale no provocarlo ni traicionarlo porque es capaz de matar. Se enamora fácilmente y se entusiasma en un instante; deja lo más importante de su vida por estar con su amor, pero si después su pareja lo abandona o el amor se va, se siente un desdichado por haber sido tan irracional y sanguíneo. Su dificultad para tener estabilidad afectiva será el mayor drama de su vida.

EL **CABALLO** Y LA FAMILIA

No tendrá nunca una familia convencional ni seguirá las reglas de los demás. En general, en la juventud formará su propia familia y tendrá hijos. Será muy protector, cariñoso y leal, pero cuando deba afrontar problemas o responsabilidades que lo saquen de su mundo se alejará a todo galope. No puede asumir determinado tipo de obligaciones familiares. La mujer, en cambio, cuidará y defenderá a su manada con firmeza.

EL **CABALLO** Y SU ENERGÍA

CABALLO DE MADERA (1894-1954-2014)

Fuerte, brioso y melodramático, este caballo afronta la vida con entereza. Es el más razonable de los caballos. Progresista, moderno, sus ideas son siempre de vanguardia. Tiene un espíritu cooperativo y generoso, pero aun así no se deja dominar. Muy responsable, su mente es clara y práctica. Tiene alma de explorador.

Personajes famosos

Annie Lennox, Martha Graham, Jean Renoir, Pat Metheny, Kim Bassinger, Luisa Kuliok, Kevin Costner, John Travolta.

CABALLO DE FUEGO (1846-1906-1966)

Un ejemplar multifacético que necesita estar ocupado pero no soporta tener jefes. Enfrenta situaciones peligrosas en un minuto y las resuelve. Muy inconstante, se altera con facilidad y le cuesta concentrarse en una actividad porque su fecunda imaginación lo torna volátil. Un líder poderoso con influencia irresistible.

Personajes famosos

Salma Hayek, Rembrandt, Sinead O'Connor, Macarena Argüelles, Thomas A. Edison, Luchino Visconti.

CABALLO DE TIERRA (1918-1978-2038)

Es muy sensible, y a veces pierde oportunidades por su indecisión. Necesita mucho apoyo de los seres queridos para actuar. Este caballo no se libra a la improvisación. Tiene olfato para las inversiones financieras y sabe aceptar la autoridad de los demás. Es lógico: antes de actuar piensa los pasos a seguir.

Personajes famosos

Nelson Mandela, Jeff Chandler, Gael García Bernal, Rita Hayworth, Pearl Bailey, Leonard Bernstein, Robert Stack.

CABALLO DE METAL (1870-1930-1990)

Su espíritu de libertad no le permite crear vínculos con nadie... Para estar activo necesita tener estímulos en su trabajo o en su casa; si no, se vuelve indeciso e irresponsable. Un caballo de acero que no le teme a nada ni a nadie, capaz de decapitar para alcanzar sus fines. Popular, rebelde, impetuoso y osado, es muy atractivo y seductor con el sexo opuesto.

Está siempre combatiendo y ocupado en escalar altas cimas. Dotado física y mentalmente, es muy productivo y fecundo en lo que se propone.

Personajes famosos

Alfredo Alcón, Ray Charles, Frederic Chopin, Robert Wagner, Steve McQueen, Neil Amstrong, Robert Duvall, Clint Eastwood.

CABALLO DE AGUA (1882-1942-2002)

Este caballo tiene un gran sentido del humor, es locuaz, divertido y muy buscado por su objetividad. Suele hacer planes a largo plazo. Su inconstancia y su alegría de vivir son contagiosas, pero se preocupa por su bienestar, estatus y comodidad. Cambia frecuentemente de opinión sin dar explicaciones; es nervioso, ansioso, y en general nómada. Viajará o hará alguna actividad física que le permita descargar su enorme energía. Un equino muy adaptable y sentimental.

Personajes famosos

Beatriz Sarlo, Caetano Veloso, Paul McCartney, Felipe González, Janis Joplin, Marilyn Horne, Nick Nolte, Harrison Ford, Barbra Streisand, Martin Scorsese, Chris Evert, Linda Evans, Andy Summers, Jimi Hendrix.

EL CABALLO Y SU ASCENDENTE
O COMPAÑERO DE CAMINO

Caballo ascendente Rata: 23.00 a 01.00
Sabrá capitalizar el dinero que gana. Sociable, divertido, será muy difícil no sucumbir a sus encantos físicos y mentales.

Caballo ascendente Búfalo: 01.00 a 03.00
Será un nativo de un solo amor verdadero. Vivirá la vida con alegría y solo en su madurez tomará responsabilidades. Un caballo de fuertes principios.

Caballo ascendente Tigre: 03.00 a 05.00
Deberá seguir su olfato y no desconfiar. Esta es una buena combinación de habilidad y osadía.

Caballo ascendente Conejo: 05.00 a 07.00
Un caballo sociable, instintivo, esotérico y muy original. Para enamorarse perdidamente.

Caballo ascendente Dragón: 07.00 a 09.00
Es poderoso, pero debe cuidarse de las compañías. Reacciona mal. Un caballo difícil de montar.

Caballo ascendente Serpiente: 09.00 a 11.00

La serpiente le brindará sabiduría y lo encaminará decididamente hacia el éxito.

Caballo ascendente Caballo: 11.00 a 13.00

Muy atractivo, caprichoso y engreído. Un pura sangre que hace lo que quiere.

Caballo ascendente Cabra: 13.00 a 15.00

Enamoradizo y rey de *la dolce vita*. Es un caballo menos loco que los demás, con la armonía de la cabra.

Caballo ascendente Mono: 15.00 a 17.00

Egoísta y seductor, hará lo que se le antoje. Intensa alianza de agilidad e ingenio.

Caballo ascendente Gallo: 17.00 a 19.00

No le faltará nada. Vivirá despreocupado, mitad en las nubes y mitad en el suelo.

Caballo ascendente Perro: 19.00 a 21.00

Este caballo es tranquilo, fiel, con mente práctica. A veces ni él mismo querrá ser tan bueno. Eso lo irritará.

Caballo ascendente Cerdo: 21.00 a 23.00

Tendrá intenciones claras y será complaciente. Trabajador y sensual, lo que haga llevará siempre el sello de su originalidad.

CONJUGACIÓN DEL CABALLO
CON EL HORÓSCOPO OCCIDENTAL

Caballo Aries

Es el más apasionado, creativo y sensual de los caballos. Sigue al galope a quien lo inspira y estimula para vivir y deja un tendal detrás de sí cuando decide desplegar su carisma y encanto. Instintivo, sentimental y bastante elocuente, tiene chispa, humor y talento para generar grandes empresas. No le gusta perder bajo ningún aspecto. Un pura sangre.

Caballo Tauro

Trabajará arduamente y recibirá los frutos de sus esfuerzos. Materialista, sensual, intelectual, galopará buscando nuevos horizontes para expandirse. Enfermizamente celoso, es capaz de cometer una locura cuando se enceguece por amor.

Caballo Géminis

Un caballo extravertido, pintoresco y emotivo que no hará nada que no lo divierta. Inestable e inconstante, empezará miles de proyectos y los dejará inconclusos. Su mayor talento son las relaciones públicas y los viajes al más allá. Un caballo alado difícil de seguir.

Caballo Cáncer

Le cuesta ubicarse en el cosmos. Está siempre llorando y persiguiendo una quimera. Es inconstante, ciclotímico, dependiente y maniático. Da muchas vueltas para resolver un problema y siente culpa cuando no está con su familia.

Caballo Leo

Un caballo temible, indomable y feroz. Deberá contar hasta diez y no perder la paciencia, pues se irrita con facilidad y puede ser violento. Es apasionado, sensual, generoso y capaz de dar su vida por una causa o un ideal. Llegará lejos en su carrera, sacrificando muchas veces a su familia y a sus amigos.

Caballo Virgo

Vivirá segmentado entre la pasión y la razón. Dará su vida por amor o por un ideal y se olvidará de sí mismo. Le gustarán el lujo, las relaciones importantes, la buena comida y la frivolidad. Ciclotímico y nervioso, necesitará un buen jinete que lo sepa domar.

Caballo Libra
Un caballo que guiará su vida por la emoción, la estética y la creación. Vivirá mutando y cambiando de lugar en busca de nuevas emociones. Concretará sus proyectos en la madurez y destilará amor y protección entre sus amores y sus amigos. Es un caballo de circo que baila con un penacho en la cabeza.

Caballo Escorpio
Un caballo salvaje al que le gustan los desafíos y las aventuras difíciles. Vivirá en situaciones límite e improvisará a medida que aparezcan los obstáculos en su camino. Le gustan en exceso el sexo, los dramas sentimentales y los *ménage à trois*.

Caballo Sagitario
Un centauro que concreta sus ambiciones y sueños dorados. Vivirá exigido e inmerso en aventuras humanas y será el abanderado de los pobres e inválidos. Se dedicará a su vocación y, si no la tiene, se enamorará y formará una familia feliz.

Caballo Capricornio
Está destinado a cumplir obras humanitarias y de trascendencia social. Es perseverante, lúcido, organizado y muy profundo. Su gran talento está en su capacidad de organización, su visión y su percepción. Se enamorará, pero jamás perderá la cabeza; más bien se la hará perder a los demás.

Caballo Acuario
Un caballo que vivirá echando culpas a otros por su destino. Vivirá en la irrealidad y le costará enfrentar la vida. Hiperemotivo, inmaduro, obstinado y necio. Le será difícil manejar sus sentimientos y confundirá los de los demás. Si se conecta con la vida podrá triunfar en lo que se proponga.

Caballo Piscis
Inquieto, original y aventurero, no dejará nada por hacer. Le encantan los desafíos y vuela alto. Ambicioso, materialista,

seguro de sí mismo, buscará nuevos horizontes y se quedará en un lugar únicamente si se enamora. Alcanzará la gloria.

EL CABALLO EN EL AMOR

Caballo y Rata
Atracción fatal. Un encuentro explosivo. Habrá piel y muchos platos rotos en la cabeza del otro. Entre *Nueve semanas y media* y *Lo que el viento se llevó.*

Caballo y Búfalo
Será la convivencia de dos bestias que luchan por el poder. Son tan diferentes que hasta pueden sobrevivir años creyendo que se aman.

Caballo y Tigre
Afinidad física, mental e intelectual. Juntos se sentirán capaces de afrontar todos los desafíos. Unión para toda la vida.

Caballo y Conejo
Encontrarán la magia imprescindible para la buena convivencia y sabrán estimularse si ambos no se invaden en territorios muy íntimos.

Caballo y Dragón
El uno desconfiará de la independencia del otro y no tendrán diálogo entre sí. Hablan idiomas diferentes.

Caballo y Serpiente
Siempre que la serpiente deje al caballo en libertad y no le pida explicaciones de sus escapadas... Pero es raro que esto ocurra.

Caballo y Caballo
Se atraen instintivamente. Solo el egoísmo salva a estos apasionados febriles.

Caballo y Cabra

El caballo tiene suficientes problemas con ella para mantenerse enamorado, y la cabra se siente segura. Juntos no se aburren y corren por las praderas de luna de miel.

Caballo y Mono

Si el caballo no le tuviera tanto miedo al mono podrían estar juntos toda la vida. Solo deben darse tiempo. Éxito, complicidad y gran afinidad extrasensorial.

Caballo y Gallo

El gallo sufre y el caballo necesita pasión eterna. Si hacen un curso de humildad frente al otro podrán sacarse provecho.

Caballo y Perro

Sí. Absorbido por su ideal, el perro deja su independencia a merced del caballo y no lo abruma con molestos celos.

Caballo y Cerdo

Se atraerán y se revolcarán en las bajas pasiones hasta que el caballo se aburra y se aleje, dejando al cerdo malherido.

EL CABALLO EN LA AMISTAD

Caballo y Rata

Saldrán una noche y se arrepentirán toda la vida. ¡Cuidado con el intento!

Caballo y Búfalo

Pueden entenderse a los tropezones. Deberán apelar a su sensibilidad.

Caballo y Tigre

Serán leales entre sí, pero discutirán. ¡Harán volar los platos por el aire!

Caballo y Conejo
Pueden contar con recursos inimaginables. Se necesitan y apoyan. Se divertirán y ayudarán en los momentos difíciles.

Caballo y Dragón
¡Jamás quedarán conformes! Sufrirán por la diferente manera de entregarse.

Caballo y Serpiente
En sus partes positivas se entenderán, pero se rechazarán en las demás.

Caballo y Caballo
Se respetan y se cuidan muy bien de no interferir en sus sagradas independencias. Están más unidos en las malas que en las buenas.

Caballo y Cabra
Serán íntimos amigos y se jugarán por el otro cuando sea necesario.

Caballo y Mono
Aunque el caballo se siente desafiado, necesita la alegría del mono. Es una buena dupla.

Caballo y Gallo
Compartirán *hobbies*, tés, cartas... y hasta alguna persona. Tendrán relaciones mundanas.

Caballo y Perro
Serán compinches y compañeros en las buenas y en las malas.

Caballo y Cerdo
El cerdo sentirá devoción por el caballo y este se estimulará... ¡hasta el hartazgo!

EL **CABALLO** EN LOS NEGOCIOS

Caballo y Rata
Se provocarán hasta destruirse. Perderán todo el dinero y la alegría.

Caballo y Búfalo
Solo en caso de estado de sitio, si no hay otra posibilidad...

Caballo y Tigre
Sí. Vivirán emociones que a la larga serán muy positivas.

Caballo y Conejo
Se complementarán usando la astucia del conejo y la fuerza del caballo.

Caballo y Dragón
Pueden intentarlo y sacar un gran beneficio. Pero será como la lotería: ¡se gana una sola vez en la vida!

Caballo y Serpiente
Si lo toman como un negocio para mantenerse y no se descontrolan... puede andar.

Caballo y Caballo
Cada uno tirará la manta para sí, y una sola manta para dos caballos es mal negocio.

Caballo y Cabra
¿Por qué no? La cabra inconsciente correrá muchos riesgos, ¡pero el caballo es hábil!

Caballo y Mono
El caballo es demasiado lúcido como para aceptar sociedades comerciales con el mono.

Caballo y Gallo
Sí; puede haber buen acuerdo, a pesar de que el gallo no deberá contar demasiado con el caballo, que se desespera por su pasividad.

Caballo y Perro
Bueno, hagan negocios, pero no firmen papeles que los aten.

Caballo y Cerdo
Pueden intentarlo temporalmente. No comparten los mismos conceptos y a la larga tendrán complicaciones.

RELACIONES PADRES E HIJOS

Padre Rata, hijo Caballo
Estando ensillado, el caballo tratará de salir a pasear. Debe abandonar joven el hogar. No tolera a su padre rata.

Padre Búfalo, hijo Caballo
El caballo no soporta la autoridad, por eso se rebela y parte para no regresar jamás.

Padre Tigre, hijo Caballo
Entre estos dos seres violentos hay disputas, pero también mucho amor y estímulos recíprocos.

Padre Conejo, hijo Caballo
El conejo piensa que el caballo puede hacer todo lo que se le antoje siempre y cuando no perturbe su calma ni su ritmo cotidiano.

Padre Dragón, hijo Caballo
Choque de personalidades. Pero las cosas terminan arreglándose.

Padre Serpiente, hijo Caballo
La serpiente no puede enroscar al caballo aunque este se distraiga. La independencia del caballo provoca problemas.

Padre Caballo, hijo Caballo
Se comprenden profundamente y eso puede conducirlos a ciertos excesos; cuentan demasiado el uno con el otro.

Padre Cabra, hijo Caballo
Relación armoniosa, aunque la cabra tenderá a aferrarse al caballo en su vejez.

Padre Mono, hijo Caballo
Difícil. El caballo es hábil, pero tiende a menospreciar la astucia y puede convertirse en la víctima.

Padre Gallo, hijo Caballo
El caballo jamás soporta la autoridad del gallo y este no sabe a qué atenerse.

Padre Perro, hijo Caballo
El perro se siente disconforme por la independencia del caballo, y muy decepcionado por su egoísmo.

Padre Cerdo, hijo Caballo
El cerdo sufre por la partida temprana del caballo y se hará mala sangre.

CÓMO LE VA AL CABALLO
EN LOS DIFERENTES AÑOS

Año de la Rata
¡A sujetar las riendas, tener prudencia, vigilar y resolver sus problemas materiales y afectivos! Aunque se sienta encerrado, deberá ser paciente y no saltar por encima de los alambrados.

Año del Búfalo

El caballo tendrá que trabajar, construir; únicamente con esfuerzo podrá saltar los obstáculos y subir al podio. No deberá tomar decisiones impulsivas porque tendrán efectos desastrosos.

Año del Tigre

El caballo tomará una nueva ruta: le harán propuestas y su intuición guiará felizmente sus decisiones. ¡Cuidado con los gastos exagerados!

Año del Conejo

Se le abrirán nuevos horizontes; ese año el caballo será mesurado, su diplomacia le permitirá triunfar más allá de sus esperanzas. Será mágico porque la suerte galopará a su lado.

Año del Dragón

Será un año de transición en su vida. Deberá tener paciencia, ser conciliador y evitar las susceptibilidades. Se reconocerán sus méritos si sabe tender la pata.

Año de la Serpiente

Tendrá ganas de liberarse de un socio algo molesto. Deberá aprender a tener paciencia. Habrá obstáculos en su ruta, pero que no se le den vuelta las crines: encontrará oídos atentos para escucharlo y amigos para consolarlo.

Año del Caballo

Sus intuiciones no siempre serán las acertadas. Deberá aceptar la mutación y sumergirse en una de las crisis más importantes de su vida.

Año de la Cabra

El amor marcará su camino y hará que deje lo demás a un lado. Buenos augurios para casarse, tener hijos y asentarse. La creatividad estará incentivada por la llama del amor. Sus finanzas decaerán un poco.

Año del Mono

El mono es astuto, pero en el fondo quiere al caballo y está dispuesto a ayudarlo. El mono lo hace convincente y le permite encontrar soluciones a sus problemas.

Año del Gallo

Tenderá a dramatizar los acontecimientos. El caballo detesta caminar al paso, pero este año tendrá que disminuir sus actividades. El año no será malo, apenas algo frustrante.

Año del Perro

El caballo llamará la atención de personas influyentes: sus discursos las subyugarán y llegará lejos. Deberá evitar que los problemas afectivos lo perturben.

Año del Cerdo

Nada será simple, todo se complicará, algunos proyectos quedarán en la nada. Somatizará más que de costumbre. Deberá ir al paso y saber que las desviaciones se pagan caras.

Caballo de fuego

Salma Hayek

Caballo de agua

Caetano Veloso

Cabra

Cabra

GENIO O PARÁSITO

....

Ficha técnica
Nombre chino de la cabra: XANG
Número de orden: OCTAVO
Horas regidas por la cabra: 13.00 a 15.00
Dirección de su signo: SUD-SUDOESTE
Estación y mes principal: VERANO-JULIO
Corresponde al signo occidental: CÁNCER
Energía fija: FUEGO
Tronco: NEGATIVO

Eres cabra si naciste
01/02/1919 - 19/02/1920
CABRA DE TIERRA
17/02/1931 - 05/02/1932
CABRA DE METAL
05/02/1943 - 24/01/1944
CABRA DE AGUA
24/01/1955 - 11/02/1956
CABRA DE MADERA
09/02/1967 - 29/01/1968
CABRA DE FUEGO
28/01/1979 - 15/02/1980
CABRA DE TIERRA
15/02/1991 - 03/02/1992
CABRA DE METAL
01/02/2003 - 21/01/2004
CABRA DE AGUA
19/02/2015 - 07/02/2016
CABRA DE MADERA

EL AMOR BRUJO

Desembrujame.
Desentrañame.
Descíframe.
Desoíme.
Desármame.
Destílame.
Descárname.
Desacostumbrame.
Desdibujame.
Desmontame.
Despacio.
Despacio.
Despacio.

L. S. D.

LA PERSONALIDAD DE LA CABRA

Las cabras que he conocido en mi vida me producen un *feeling* similar: ganas de protegerlas, mimarlas, escucharlas pacientemente mientras cuentan sus historias melodramáticas, observarlas en sus avances y retrocesos, disfrutar con su sentido estético, reírme de sus berrinches y, fundamentalmente, amarlas.

Jamás olvidaré que fue una cabra, un amor de juventud, quien me regaló el primer libro de horóscopo chino, aquel que cambiaría mi destino para mi propio bien y el de tantos. La influencia de este signo en nuestra vida tarde o temprano aflora y nos acompaña, por los siglos de los siglos. Amén.

La cabra nació bajo el signo del arte y de la belleza. Es tierna y pacífica; vive inmersa en un universo mágico hecho de fantasía y estética. Para su estabilidad psicofísica necesita un lugar refinado, con buen gusto y armonía, para desplazarse silenciosamente.

Artista, creativa, intuitiva, no tiene el menor sentido práctico. Es esencialmente dependiente, necesita un mecenas o un asesor que la mantenga. Detesta los trabajos fastidiosos y la vida cotidiana con su aburrida rutina; prefiere pasar hambre y necesidades antes que gastar su precioso tiempo en nimiedades.

En China la tradición dice que la cabra necesita del I-SHO-KU-JU, que es techo, comida y vestimenta para estar en equilibrio; si no lo tiene puede terminar debajo de un puente.

Esta seductora irresistible sabe qué puertas debe tocar o a quién convencer para conseguir que la halaguen y protejan. Si tiene que luchar lo hará con sus armas: el encanto y la inercia. Es tan resistente como haragana, tan tenaz como caprichosa. Será difícil que alguien se enoje definitivamente con ella, pues sabe esconderse como nadie detrás de una máscara y apelar a todo tipo de artimañas para escalar el Everest.

Existen dos tipos de cabras: las artistas, capaces de marcar un hito en la historia con su indiscutido talento, y las que son parásitos de los demás, que es otro tipo de arte. Pero hay que reconocer que su corazón es bondadoso, tienen un espíritu samaritano y están siempre dispuestas a ayudar al prójimo en los momentos de adversidad.

LA CABRA Y EL TRABAJO

Preferirá calidad a cantidad. Si tiene una fuerte vocación conseguirá sobresalir en su profesión, a la que se dedicará con ahínco. Está más capacitada para las tareas manuales que para las intelectuales. Una artista en labores: decoración, jardinería y repostería. Ningún arte está vedado para ella; puede ser un genio de la danza, la pintura, la escultura o la arquitectura. Siempre se destacará por su gran originalidad, talento y destreza.

Bendecirá el trabajo, y otras veces tendrá la suerte de encontrar mecenas que la mantengan.

LA CABRA Y EL DINERO

Deberá tener amigos banqueros que la aconsejen porque es candidata a que la estafen. Quiere comprar un prado más caro de lo que vale con el pretexto de que allí encontró un trébol de cuatro hojas. El dinero no es el motor de su existencia. Se las arregla para encontrar mecenas y gente que la ayude. Puede vivir en la opulencia, pero si no es rica, de todos modos su pradera tendrá *charme*; con casi nada, mágicamente transforma su pradera en un jardín floreciente.

LA CABRA Y SUS AMORES

Romántica, no puede vivir sin amor. Adora que se dediquen exclusivamente a ella, la mimen, gratifiquen y adulen. Sensible, tierna, atenta, se derrite cuando le hablan de amor. Le encantan las intrigas, los celos y los ardides. Rechaza la violencia en las relaciones amorosas y necesita ser protegida. Está más inspirada si tiene todas las tarjetas de crédito a su disposición y no debe ocuparse de pagar las cuentas de la casa. Para seducirla hay que mandarle flores, festejarla, invitarla al teatro, a exposiciones de pintura, al campo, y no obligarla a hacer elecciones dolorosas. Amará a quien la haga reír. Respetará la libertad de su pareja, pero si la desdeñan, se irá a otro lado para ver si el pasto está más verde.

LA CABRA Y LA FAMILIA

Está muy atada a sus raíces; tiene nostalgia de la época en que su mamá la protegía; es amante de la familia, le gustan las fiestas y los cumpleaños. Un poco extravagante, educa a sus hijos según sus estados de ánimo. Carece de autoridad y no les dará una educación dogmática; pueden rodar por la hierba mientras su mamá pinta, canta o borda una carpeta. La cabra sabrá que ella es una bohemia o una artista incurable, y que la aceptarán con sus defectos y virtudes.

LA CABRA Y SU ENERGÍA

CABRA DE MADERA (1895-1955-2015)

Esta cabrita es ingenua, bondadosa y tierna. Está atenta a los deseos de los demás, no se le ocurre que alguien no sea como ella. Tiene espíritu samaritano, las desgracias ajenas la conmueven y se hace útil permanentemente. Posee dotes artísticas y un gran tesón para conseguir lo que se propone por medios lícitos. Su mayor defecto es delegar responsabilidades y no tener los pies sobre la tierra.

Personajes famosos

Roberto Pettinato, Rosa Benito, Ana Rosa Quintana, Miguel Ángel, Rodolfo Valentino, Johnny Rotten, Nina Hagen, Bruce Willis, Isabelle Adjani, Mercedes Morán, Groucho Marx, Emmanuel, Joe Jackson, Elvis Costello.

CABRA DE FUEGO (1847-1907-1967)

Tiende a dramatizar todo. Piensa que sus brincos unidos a su fantasía le van a permitir llenar su alcancía. Muy sensible, las emociones la sumergen y le hacen perder la cabeza. Vuela alto, y si tiene plata dilapida frenéticamente sus ahorros en la compra de objetos suntuosos e inútiles. Tiene que controlar sus impulsos y guiar su maravillosa intuición.

Personajes famosos

Julio Bocca, Guillermo Francella, Gastón Acurio Jaramillo, Julia Roberts, Boris Becker, Alberto Moravia, César Romero, Juan Cruz Argüelles, Atahualpa Yupanqui, Nicole Kidman, Miguel de Cervantes.

CABRA DE TIERRA (1859-1919-1979)

Esta cabrita conservadora, independiente y disciplinada no le teme al trabajo. Ayuda a su prójimo y escucha atentamente sus desgracias. Le cuesta no gastar el dinero en un minuto, y aunque es derrochadora, le encanta ahorrar. Muy dependiente afectivamente, necesita más estímulo que otras cabras para triunfar en su vocación.

Personajes famosos
David Bisbal, Diego Forlán, Jack Palance, Zsa Zsa Gabor, Malcom Forbes, Margot Fonteyn, Lana Turner, Eva Perón, Dino De Laurentis.

CABRA DE METAL (1871-1931-1991)
Da placer ver la confianza que se tiene. Aunque parezca fuerte es muy sensible. Las escenas y las rupturas la angustian. Necesita una vida familiar estable y un hogar donde reinen la belleza y la armonía. Consciente de sus dones, no duda en vender caras sus obras. Su talón de Aquiles: la posesividad con sus seres queridos y su pedido de presencia el día entero.

Personajes famosos
Alice Munro, James David Rodríguez Rubio, James Dean, Rita Moreno, Franz Liszt, Ettore Scola, Monica Vitti, Annie Girardot.

CABRA DE AGUA (1883-1943-2003)
Atrae como un imán a aquellos que pueden protegerla y adularla. Le cuesta enfrentar la realidad, detesta las dificultades y busca soluciones a los problemas que aparecen en su camino. Es diplomática y acepta las decisiones de los demás. Lo desconocido le da miedo, prefiere su prado y odia que le cambien los hábitos. Si la hacen sufrir o la contrarían, juega a *la malquerida* y llora en público.

Personajes famosos
Rubén Rada, Joan Manuel Serrat, Keith Richards, Jimmy Page, Charo López, Adolfo Pérez Esquivel, Mick Jagger, Arnaldo André, Robert De Niro, George Harrison, Catherine Deneuve.

LA CABRA Y SU ASCENDENTE
O COMPAÑERO DE CAMINO

Cabra ascendente Rata: 23.00 a 01.00
Sabe aprovechar todas las circunstancias; no lloriquea frente

a las dificultades. Graciosa, soñadora, intuitiva, con su encanto sabe encontrar los medios necesarios y los pastos verdes.

Cabra ascendente Búfalo: 01.00 a 03.00
Es una cabra que se tiene confianza; capitanea el rebaño de ovejas para que no invadan los prados vecinos. Alimenta a su familia con buenas hierbas. Es puntual y responsable.

Cabra ascendente Tigre: 03.00 a 05.00
Un ejemplar temerario. Encantadora, creativa y artista, es imprevisible en sus reacciones. No le haga cosquillas porque le pegará una patada.

Cabra ascendente Conejo: 05.00 a 07.00
Tiene pánico de sentirse atada. No se mete en aventuras que puedan costarle su confort. Superficial, egoísta, intuitiva y creativa, está llena de encanto y posee un notable buen gusto.

Cabra ascendente Dragón: 07.00 a 09.00
Es una cabra que escupe llamaradas y sabe lo que quiere. Creativa, imaginativa, original, no duda en dar pruebas de temeridad y coraje. Los aplausos la estimulan y realiza los sueños más locos y quiméricos.

Cabra ascendente Serpiente: 09.00 a 11.00
Es una cabra que se enrosca en su cuello y ¡lo ahorca! Sagaz, magnética, infiel y celosa, consigue sus fines por cualquier medio. Tiene la suerte como aliada.

Cabra ascendente Caballo: 11.00 a 13.00
Es una cabra vagabunda y activa. Sueña y corre detrás de una meta. Gastará hasta el último centavo propio o ajeno. Adora la aventura como forma de vida; será eternamente infantil.

Cabra ascendente Cabra: 13.00 a 15.00
No le hable de independencia, responsabilidad o realidad

porque esas palabras la angustian. Indecisa, fantasiosa, artista, no le importará depender de su mecenas si este le ofrece seguridad. Vivirá en las nubes haciendo planes surrealistas. Tiene un humor y un optimismo inigualables.

Cabra ascendente Mono: 15.00 a 17.00

Esta cabra se tiene confianza. Orgullosa, inteligente, optimista, sabe lo que quiere y es capaz de seducir a un poste telegráfico. Caerán rendidos a sus pies.

Cabra ascendente Gallo: 17.00 a 19.00

Vivirá entre el deseo de que la cuiden y el deseo de independencia. Tiene ideas propias, es contradictoria; no hay que darle consejos o criticarla. Inteligente, generosa y fantasiosa, debería delegar el trabajo de vender sus ideas a los demás.

Cabra ascendente Perro: 19.00 a 21.00

Es una cabra desconfiada y con olfato. Un poco pesimista, racional y valiente, necesita que la rodeen constantemente de afecto y no soporta estar sola en su prado.

Cabra ascendente Cerdo: 21.00 a 23.00

Esta cabra no se dejará embaucar; es desconfiada, lúcida, fantasiosa, orgullosa y un poco ingenua. Exigente con los demás, obstinada y testaruda, le cuesta reconocer sus errores y se refugiará a menudo en sus ensueños.

CONJUGACIÓN DE LA CABRA
CON EL HORÓSCOPO OCCIDENTAL

Cabra Aries

Es una cabra belicosa. Bajo su aspecto de cordero tierno posee cuernos afilados. Instintiva, provocativa, irracional, se entusiasma por un sí o un no. Trabajadora tenaz, es ambiciosa, tiene autoestima y un exquisito sentido del humor.

Cabra Tauro

Necesita seguridad material y un empleo estable. Se toma tiempo, reflexiona; después de un día de trabajo puede soñar y admirar la puesta de sol. Sensual y sensible a la belleza, precisa estabilidad, detesta los imprevistos y las discusiones.

Cabra Géminis

Esta cabra pega brincos que enloquecen a los demás. Inestable, caprichosa, espectacular, su vida es una actuación. Imposible que se ocupe de los gastos del hogar y que asuma alguna responsabilidad que no le divierta.

Cabra Cáncer

Busca afianzar sus patas en una pradera fértil y echar raíces. Le gusta dar una vuelta por el mundo, pero siempre retorna en busca de su familia. Necesita estímulo, apoyo moral y mucho amor para producir hechos positivos. Es muy bella y frágil.

Cabra Leo

Adora el éxito, los honores y las medallas. Sabe usar sus relaciones para obtener lo que desea. Encandila con su carisma y belleza. Muy susceptible y vulnerable, necesita toneladas de amor para sentirse amada… y a veces no le alcanza.

Cabra Virgo

Tiene dotes de artista y de mánager de su propia vida. Sueña, imagina, inventa y concreta sus ambiciones. Es tímida, discreta, reservada y sufre cuando la hostigan. Tiene un corazón más grande que el de Rintintín.

Cabra Libra

Su lema es la armonía. Refinada, culta, artista, esteta, indecisa; se pasa la vida dudando. Le parece una inmoralidad tener que ganarse el sustento e inventa ardides para que la protejan. Nació para triunfar en el mundo del arte.

Cabra Escorpio

Tras su apariencia dócil y gentil, se esconde una personalidad apasionada, individualista, combativa, rebelde ¡y peligrosa si la molestan! Intuitiva y creativa, sabe lo que quiere y logra sus objetivos. Para funcionar bien en la vida esta cabra necesita I-SHO-KU-JU.

Cabra Sagitario

Corre hacia la aventura y el peligro. No soporta estar atada, tiene necesidad de comunicarse y expresar sus sentimientos. Conservadora, tiene su propia moral. Ama la soledad y viajar adonde la lleve el viento. Tiene un corazón de oro.

Cabra Capricornio

Responsable, reflexiona antes de actuar y se toma su tiempo. Si tiene talento, espera que se lo reconozcan. Bajo su aspecto hierático, es una cabra tierna, graciosa y honesta que sabe defenderse de la adversidad.

Cabra Acuario

Esta cabra original se ganará el sustento cotidiano. Evade la realidad; es anticonformista, un poco *hippie*, adora la ciencia ficción y sueña con salvar a los necesitados. Altruista, generosa y entretenida; encontrará soluciones para mejorar su vida.

Cabra Piscis

Hipersensible, le cuesta asumir la realidad y las responsabilidades. Creativa, original, tierna y graciosa, es una visionaria, y su lenguaje es mágico. Una cabra para adoptar.

LA CABRA EN EL AMOR

Cabra y Rata

Sólo siendo dueños de una gran fortuna pueden intentar la unión. De lo contrario, ¡a otra cosa, mariposa!

Cabra y Búfalo

Aun sintiendo que lo divierte, el búfalo no soportará durante mucho tiempo el espíritu parasitario de la cabra. Si aceptan y conviven con las diferencias pueden llegar a soportarse.

Cabra y Tigre

Cuentan con nueve posibilidades sobre diez de que el tigre, abrumado por las circunstancias, devore a la cabra. ¡Cuidado!

Cabra y Conejo

Juntos se divierten mucho. Es una buena unión. Son tranquilos, estéticos y refinados. Conjugarán la vida familiar y artística.

Cabra y Dragón

Se protegen de la vida externa y saben formar su propia ciudadela. Ambos necesitan mucha adulación.

Cabra y Serpiente

La cabra puede desaparecer en arenas movedizas y la serpiente no será capaz de hacer nada por salvarla. Unión difícil.

Cabra y Caballo

Pueden ser felices y compartir riesgos juntos si saben respetar sus libertades individuales. Estimularán y festejarán los caprichos del otro con buen humor.

Cabra y Cabra

Estos dos bohemios adoran el lujo, saltan, pintan la casa y escriben poemas. Tal vez un amigo cocine el puchero o les cotice sus obras. Se convertirán en adultos cuando alguna de sus cabritas les reclame comida y salgan a vender sus talentos.

Cabra y Mono

Inteligentes y graciosos, se encuentran mutuamente deliciosos, siempre y cuando no deban compartir su pan cotidiano.

La cabra necesita que le cuenten historias de amor, que la tranquilicen. El mono, más cerebral, no puede atender todas sus demandas. Tendrán que esforzarse para mantener la llama.

Cabra y Gallo
El gallo criticón cansará a la cabra, que se sentirá juzgada. No le divierte aplaudirlo todas las mañanas y él no soporta la bohemia, la irresponsabilidad y la manera fantasiosa de vivir de la cabra. Ella lo dejará por exigente.

Cabra y Perro
El perro no hará nada para minimizar las angustias de la cabra. La cabra se aburrirá con el perro, que hablará solo de sus angustias y estará inmerso en la realidad. No comparten ni los sueños ni los desvelos.

Cabra y Cerdo
La cabra adora a este ser sensual que venera la belleza, la cubre de regalos y gana dinero; el cerdo se siente feliz de tener una cabra tan refinada, sociable y graciosa. Sus disímiles gustos los seducen. Hacen concesiones; preservan la amistad, se divierten y tienen intereses comunes. Unión benéfica.

LA CABRA EN LA AMISTAD

Cabra y Rata
Podrán compartir noches de gran picardía y asociarse al mismo club, pero nada más.

Cabra y Búfalo
No se soportan por mucho tiempo. Solo un toque. Se irritan.

Cabra y Tigre
Tratarán de hacer buenas migas, aunque no está muy claro cuál es la unión.

Cabra y Conejo
Comparten los chismes, los viajes, ¡y los novios! Se adoran.

Cabra y Dragón
Esta será una amistad competitiva.

Cabra y Serpiente
Será una amistad temporaria y cada cual tomará por su lado.

Cabra y Caballo
Sentirán que son solo una persona, y en verdad lo son: amigos para siempre...

Cabra y Cabra
Pese a que las cabras se entienden entre sí, no deben contar demasiado una con la otra.

Cabra y Mono
Al mono le gusta la cabra porque no se aburre con ella. Es una buena unión.

Cabra y Gallo
El gallo es demasiado convencional. No entiende a la cabra.

Cabra y Perro
Unión negativa. Difícilmente se soporten.

Cabra y Cerdo
El cerdo sabe tratar a las cabras y las quiere. Unión positiva.

LA CABRA EN LOS NEGOCIOS

Cabra y Rata
Si ponen el talento y la astucia en las transacciones, y no cometen excesos, esta unión será un éxito.

Cabra y Búfalo
No podrán hacer el bosquejo de un negocio. Ni lo intenten.

Cabra y Tigre
Comenzarán llenos de buenas intenciones. Pero cuando haya que profundizar en el tema, la cabra no podrá resistir tanta responsabilidad.

Cabra y Conejo
Buena yunta. Pueden producir juntos lo que se propongan. Tienen talento, ambición y contactos. Harán una fortuna juntos.

Cabra y Dragón
Apuntarán alto en la empresa y recogerán sus frutos.

Cabra y Serpiente
Puede ser. La serpiente es sabia, y la cabra, capaz. Eso sí, necesitan comportarse como seres adultos.

Cabra y Caballo
Sí, se integrarán y ganarán mucho dinero; lo perderán y lo volverán a ganar. Como el cuento de la buena pipa.

Cabra y Cabra
Una sociedad imprevisible. Pueden ser dos vagabundos viviendo debajo de un puente o un par de empresarios geniales dedicados a la explotación de los demás.

Cabra y Mono
La cabra no tiene nada que perder y el mono sabe reconocer su talento como para utilizarlo.

Cabra y Gallo
No: al gallo, la cabra le resulta inútil e irritante. No la comprende.

Cabra y Perro
No: al perro le preocupan cosas más graves, o al menos eso cree.

Cabra y Cerdo
Se brindarán ayuda mutuamente. Y la cabra, aun siendo cabra, puede aportar algo.

RELACIÓN PADRES E HIJOS

Padre Rata, hijo Cabra
Son muy parecidos, si los padres hicieron fortuna, la cabrita sabrá aprovecharla...

Padre Búfalo, hijo Cabra
No hay onda. El búfalo se siente burlado, y la cabra, desgraciada; todo puede acabar mal.

Padre Tigre, hijo Cabra
Demasiado castigada, la cabra no encuentra oportunidad para expandirse. Esta autoridad es demasiado fuerte para ella.

Padre Conejo, hijo Cabra
Muy buena. El conejo la ayuda y la comprende porque la cabra le gusta, y le dará satisfacciones.

Padre Dragón, hijo Cabra
Orgulloso del sentido artístico de su cabra, el dragón le será de gran ayuda.

Padre Serpiente, hijo Cabra
Las cosas no andan tan mal si la familia tiene una situación económica holgada.

Padre Caballo, hijo Cabra

La cabra se siente feliz. Es comprendida y serán muy compañeros; a la hora de trabajar, ella hasta es capaz de hacerlo por él.

Padre Cabra, hijo Cabra

Necesitarán un mecenas que los mantenga, aunque si no lo encuentran se divertirán mucho.

Padre Mono, hijo Cabra

El mono puede sacar un máximo provecho a la cabra pues esta diablita está bien dotada.

Padre Gallo, hijo Cabra

El gallo siente que ha estado empollando un pato.

Padre Perro, hijo Cabra

Difícil. El perro descorazonado puede terminar abandonando a la cabra.

Padre Cerdo, hijo Cabra

El cerdo ayuda a la cabra durante toda su vida. Se quieren mucho.

CÓMO LE VA A LA CABRA
EN LOS DIFERENTES AÑOS

Año de la Rata

Este año la cabra brinca y obtiene mucho éxito. El dinero entra en el momento menos esperado; la cabra economiza y no hace gastos suntuosos.

Año del Búfalo

La cabra defenderá su prado de las influencias exteriores. Deberá trabajar duro a lo largo del año y cuidar los ahorros.

Año del Tigre

Se transformará en un carnero belicoso para luchar y defender su prado. Tendrá que asumir responsabilidades, caminar por la cornisa y no estar con la cabeza en las nubes.

Año del Conejo

Será un año de viajes, placer y nuevos amigos. Estará al día con las cuentas y los cuentos.

Año del Dragón

Vivirá un año agitado, las preocupaciones cotidianas no le harán perder su buen humor. ¡Cuidado! A no trastornar su vida por culpa de un flechazo devastador.

Año de la Serpiente

La serpiente ayudará a la cabra para que trepe hasta la cumbre; podrá hacer que admiren sus pezuñas, que estarán cubiertas de laureles. Mejorará su prado de tréboles.

Año del Caballo

Año agitado: habrá nuevas proposiciones a la vista. La cabra se sentirá capaz de asumir riesgos y resolver las dificultades. Encontrará mecenas que soportarán sus caprichos.

Año de la Cabra

Este es su año para hacer todo lo que se le antoje y trepar por la montaña hasta la cima. Deberá ser sabia y práctica para no terminar cubierta de deudas.

Año del Mono

Este año aceptará un empleo estable muy bien remunerado. Estará sabia, no perderá el tiempo y utilizará todos los recursos necesarios para desarrollarse.

Año del Gallo

Este año despilfarrará sus ahorros, vivirá como una

princesa y seducirá a todo el mundo. Estará más egocéntrica y predispuesta a que la consientan que de costumbre.

Año del Perro

La cabra se siente lastimada, disminuida y pesimista. Tendrá conflictos, discusiones, problemas que solucionar, y hacer elecciones. ¡Todo lo que detesta! No deberá tomar decisiones sobre su futuro.

Año del Cerdo

Este año cura sus heridas y desconfía de su sombra. El cerdo le muestra su ternura, gentileza y amistad. Hasta podrá enamorarse y formalizar una relación.

Cabra de agua

Rubén Rada

Cabra de fuego

Julia Roberts

Mono

Mono

IMAGINACIÓN, TRAMPAS Y SEDUCCIÓN

Ficha técnica
Nombre chino del mono: HOU
Número de orden: NOVENO
Horas regidas por el mono: 15.00 a 17.00
Dirección de su signo: OESTE-SUDESTE
Estación y mes principal: VERANO-AGOSTO
Corresponde al signo occidental: LEO
Energía fija: METAL
Tronco: POSITIVO

Eres mono si naciste
20/02/1920 - 07/02/1921
MONO DE METAL

06/02/1932 - 25/01/1933
MONO DE AGUA

25/01/1944 - 12/02/1945
MONO DE MADERA

12/02/1956 - 30/01/1957
MONO DE FUEGO

30/01/1968 - 16/02/1969
MONO DE TIERRA

16/02/1980 - 04/02/1981
MONO DE METAL

04/02/1992 - 22/01/1993
MONO DE AGUA

22/01/2004 - 08/02/2005
MONO DE MADERA

08/02/2016 - 27/01/2017
MONO DE FUEGO

Soy de Tauro,
a veces demasiado,
Cáncer casi Leo de ascendente
y mono para que no sea tan pesado.

Creo en los signos que me signan
en las fases de la luna,
y en que el átomo tiene alma.

Busco hasta el final
con machete en la vida
y tengo más de un tajo sedimentado.

Elegí desde siempre
un camino, y lo convertí en mío;
pocos saben qué hay en el medio,
aunque crean ser parte de mi destino.

A veces la vida me cae como soplete
y necesito enterrarme un rato.
Como ahora, por ejemplo,
que cierro otro circuito,
y como una tortuga me guardo.

L. S. D.

LA PERSONALIDAD DEL MONO

Desde que supe que era mono en el horóscopo chino, sentí que mi vida era totalmente justificable. Al leer las características del signo, una sensación de tranquilidad, alegría e identificación me acompaña desde mis dieciocho años y hasta el día en que muera (y espero que me acompañe en las futuras vidas).

Me asumo como un mono típico. No es fácil pertenecer al signo más parecido al hombre (con sus defectos y virtudes);

sobre todo si se toma conciencia de eso y se vive a pleno. Estoy convencida de que el mono es uno de los signos más auténticos; no hace absolutamente nada que no siente, y esta conducta trae sus consecuencias. Este multifacético signo tiene recursos infinitos para transitar por la vida haciendo malabarismos y provocando todo tipo de reacciones en los demás; desde la más profunda admiración hasta la más cruel de las envidias. Es tan veloz como el viento y tan cambiante como el cielo; jamás descansa, aunque duerma, y se juega en cada acto como si fuera el más importante de su vida.

Nació bajo el signo de la fantasía; seductor, inventivo, original, cada mono que nace en el mundo rompe el molde. Es el animal más dotado y domina a los demás por su intelecto; sus dones de observador son de una temeraria lucidez. Sorprendente, magnético y talentoso, resuelve todos los problemas que aparecen en su vida con resolución y firmeza; su virtuosismo y energía convencen a los demás de sus deseos.

Su gran egolatría avasalla; no existe nada más importante en el mundo que él; luego viene el resto de la humanidad. Con su irresistible encanto los convencerá de que son fundamentales en su existencia. Es un manipulador genial y un temible adversario. Hábil y diplomático, puede ser servicial y altruista; ayuda a quien lo necesita con total naturalidad y sutileza.

Es un mago; aparece y desaparece cuando lo desea. Salta de rama en rama, no se deja atrapar. Si alguien lo consigue, ¡congratulaciones! Su mente es una computadora; sabe qué piensan los demás y se los dice; es un viejo sabio que sorprende con sus juicios y opiniones. Absolutamente ciclotímico y antojadizo, alegre y pesimista, se siente un poco incomprendido y no duda en reconocer sus errores. Vive activo: el tiempo es oro. Necesita emprender miles de cosas y no soporta aburrirse. Quizá la mayor virtud del mono es reconocer que tiene un sentido del humor extraordinario; no solo con los demás, sino fundamentalmente consigo mismo. Nadie como él se toma el pelo, se ríe de sus dramas y trata de ver el lado positivo de sus experiencias. Es tan agudo y crítico en el análisis de su vida que para muchos es un superficial al que todo le resbala y que no tiene sentimientos. Esta máscara es la que mayores malentendidos y decepciones le provoca con los demás; lo convierte en un gran solitario que después de animar la fiesta se recluye para conectar su magia con fuerzas desconocidas del más allá que lo alimentan. La sabiduría china dice que el mono mejora con la edad, y yo, como empleada del cosmos, agrego: *Todo tiempo presente es mejor.*

EL MONO Y EL TRABAJO

Un mono que no trabaja es sospechoso, porque este animal tiene tanta energía para canalizar que si no lo hace se convierte en un ser resentido y desdichado. La mayoría de los monos son hombres orquesta; nunca les falta el dinero, están dotados para todo, encuentran soluciones a los problemas, aprecian los desafíos y reaccionan rápidamente. Simplifican los negocios como nadie puede hacerlo.

Ambicioso, sabe lo que vale, y puede tener varias actividades a la vez; en una hora puede hacer el trabajo de todo un día. Necesita apasionarse, estar subyugado por una tarea para que rinda en su totalidad; no sirve para hacer las cosas a medias. El trabajo es para el mono su principal motor, cable a tierra y estímulo. Se realiza a través de él y compite con los demás. Casi siempre está en los primeros puestos de su profesión.

EL MONO Y EL DINERO

Apunta alto en la cotización. No puede vivir si no tiene mucho dinero y sin darse todos los gustos. Sabe mejor que nadie cómo utilizar sus armas para obtener buenos resultados; lo excita tocar el dinero que gana de manera asombrosa y gastarlo en sus innumerables antojos. Muy generoso con su familia, jamás ahorra porque sabe que tiene una gran capacidad para seguir generando divisas. Es feliz dándose y brindando placeres a los demás: invitándolos a viajar, a hospedarse en hoteles de lujo, a excursiones por el Amazonas, a comer manjares y a gratificarse en lo que la frondosa creatividad del mono imagine. Él es un as de los negocios y un mago para transformar en oro todo lo que toca.

EL MONO Y SUS AMORES

He aquí el talón de Aquiles del mono. ¡Qué difícil empresa mantenerlo enamorado más de una semana y que no se muera de aburrimiento! La pasión dura lo que canta un gallo porque su espíritu analítico puede más; después de la euforia del principio, el mono se da cuenta de que el objeto de su amor tose, gruñe y dice estupideces. No soporta lo cotidiano porque le hace ver la realidad. En el fondo de su corazón sueña, sin vergüenza, con una inaccesible estrella lejana y difícil de conquistar. El amor es para él una aventura y una conquista permanente; tiene necesidad de renovarlo. Sabe que es irresistible y entonces despliega su seducción sin inhibiciones.

Se hace el misterioso e inaccesible y despliega su arsenal de ternura, simpatía y *sex-appeal*. Debe cuidar que a la larga un exceso de razonamiento no arruine sus fantasías sentimentales. Para seducirlo hay que ser otro mago que jamás lo aburra, que lo estimule en sus talentos, que sea protector, imaginativo, original e independiente, y le diga que desde que lo conoció, su vida cambió por completo. No compita con él y agradézcale los regalos que le hace.

EL MONO Y LA FAMILIA

A pesar de saltar de rama en rama el mono establece vínculos duraderos y afectivos con su familia. Cuando encuentre al compañero que responda a sus deseos y esté a su altura, le será fiel. Sabe adaptarse a la realidad y no dejará a su familia por un amor de paso. El mono jamás olvida a sus padres y siempre se puede contar con él.

EL **MONO** Y SU ENERGÍA

MONO DE MADERA (1884-1944-2004)

Usted es un intuitivo. Con una visión futurista de las cosas, quiere saber, conocer y comprender cómo funcionan los demás. Por ser muy curioso, busca y se informa para encontrar ideas nuevas. Siente como nadie el contacto con los otros. Ambicioso, detesta perder; llegará a la gloria en lo que se proponga si persevera y usa medios lícitos.

Personajes famosos

Bob Marley, Rod Stewart, Helmut Berger, Jacqueline Bisset, Geraldine Chaplin, Diana Ross, Roger Waters, Danny De Vito, Keith Emerson, María Martha Serra Lima.

MONO DE FUEGO (1896-1956-2016)

Un mono fogoso, ardiente, intuitivo, inventivo y original. Larga llamaradas cuando se enoja y es capaz de provocar actos multitudinarios liderando a las masas. Posee una gran energía, tiene una aplastante seguridad y solo acepta ser el primero. Adora el poder; las competencias y los desafíos lo estimulan. Es lúcido, prudente, calcula los riesgos.

Su capacidad de decisión y su rapidez en la acción le permiten triunfar rápido y bien. Tiene un humor delicioso y es un gran solitario al que le costará más de la mitad de su vida encontrar su verdadero amor.

Personajes famosos

Ricardo Darín, Geena Davis, Ludovica Squirru Dari, Carolina de Mónaco, Osvaldo Laport, Martina Navratilova, Imanol Arias, Daniel Scioli, Tom Hanks, Bjong Borg, Isabel Pantoja, Celeste Carballo.

MONO DE TIERRA (1848- 1908-1968)

El más lúcido, estable y cerebral de los monos. Es generoso aun con los desconocidos: les ofrece bananas a los desamparados. Necesita que lo adulen, halaguen y sigan en sus delirios para incentivarse. Responsable, práctico e inteligente, este monito es honesto y perseverante; menos astuto que sus hermanos, tranquilo y sabio, detesta hacer malas pasadas. Tendrá admiradores por todo el mundo.

Personajes famosos

Daniel Craig, Chayanne, Gabriel Batistuta, Bette Davis, James Stewart, Salvador Allende, Cartier Bresson, Libertad Lamarque.

MONO DE METAL (1860-1920-1980)

Es el mono más ambicioso, resistente y trabajador de todos. Su talento encontrará canales para expandirse exitosamente; le costará ser demostrativo con los afectos, no reconocerá errores. Jamás retrocede cuando toma una decisión.

Personajes famosos

Justin Timberlake, Federico Fellini, Charlie Parker, Mickey Rooney, Juan Pablo II, Ricardo Montalbán.

MONO DE AGUA (1872-1932-1992)

Para poder preparar sus ardides a escondidas se hace el serio y tranquilo tras una máscara de santo. Sabe tomar atajos para lograr sus fines. Su gran intuición y su percepción le permiten conocer a otros seres y dominarlos o manipularlos a su antojo. Según su humor, puede ser adorable o detestable. Siempre resalta por su fantasía, ingenio y magnetismo.

Personajes famosos

Joaquín Salvador Lavado (Quino), Omar Shariff, Jean Cacharel, Elizabeth Taylor, Peter O'Toole, Anthony Perkins.

EL MONO Y SU ASCENDENTE
O COMPAÑERO DE CAMINO

Mono ascendente Rata: 23.00 a 01.00

Gracioso, inteligente; nada ni nadie se le resiste. Ama las alegrías y las aprovecha plenamente. Intuitivo, intenso, quiere obtener todo sin pagar nada... y siempre lo logra.

Mono ascendente Búfalo: 01.00 a 03.00

Bajo su aspecto de mono adormecido y gentil se esconde un aprendiz de mago; conoce todos los ardides y obtiene lo que desea. Debajo de ese aire convencional se esconde un hechicero que dormita.

Mono ascendente Tigre: 03.00 a 05.00

Todo lo sabe; intuitivo, astuto e intrépido, su olfato es legendario. Ruge, desborda energía, conquista a su presa. Su estrella es inextinguible.

Mono ascendente Conejo: 05.00 a 07.00

Sutil, calculador, inescrupuloso, su moral es elástica, sabe usufructuar a los demás y vivir lujosamente. Desenvuelto, hábil y prudente, conoce nuestras debilidades y sabe sacarles provecho.

Mono ascendente Dragón: 07.00 a 09.00

Ojalá tenga piedad de nosotros y nos deje respirar. *The sky is the limit.* Inteligente y mítico, no le teme a nada y avanza hasta las profundidades del coraje y la pasión. ¿Cómo resistirlo?

Mono ascendente Serpiente: 09.00 a 11.00

Tiene una inteligencia desconfiada y analítica. Domina sutilmente a los demás: es difícil seguirlo en sus monerías y nos mantiene hipnotizados para hacer lo que se le antoje con nosotros. No soporta que lo interrumpan o critiquen. Cuidado con su veneno.

Mono ascendente Caballo: 11.00 a 13.00

Le gusta ser el primero ¡y así es! Corre riesgos, no soporta perder, cambia de ideas en un segundo y rompe promesas sin sentir culpa. Saca partido de sus aptitudes para no trabajar como un buey. Miente si se siente atrapado y no se sacrifica por nadie.

Mono ascendente Cabra: 13.00 a 15.00

Es un mono soñador, bohemio, intuitivo y gracioso, que vivirá en las nubes pero bajará a la tierra cuando sea necesario. Sabe aprovechar las oportunidades que se le presentan. ¡Cuidado con los corazones frágiles!

Mono ascendente Mono: 15.00 a 17.00

Es un genio. Salta de rama en rama, quiere saberlo todo. Curioso, original, hábil, diabólico por momentos; no lucha con sus puños sino con su cerebro. Se siente superior a todos y tiene ataques de divo, pero no lo molestan.

Mono ascendente Gallo: 17.00 a 19.00

No sabe qué hacer para que lo miren. Se pavonea, se siente irresistible e inteligente. Es temible, mejor tenerlo de amigo; planifica grandes proyectos, ama la aventura y está dotado para realizarla.

Mono ascendente Perro: 19.00 a 21.00

Vive tironeado entre dos mundos: uno con fantasía, diversión y humor, y otro en que se ve todo negro y complicado. Ciclotímico, difícil, intelectual y realista, es impagable cuando saca a relucir su sentido del humor.

Mono ascendente Cerdo: 21.00 a 23.00

Un mono fascinante, intuitivo, captador de la sensibilidad de los demás. Necesita soledad para leer, pensar, meditar, metabolizar la vida que lo alcanza. Odia a la gente mediocre y charlatana. Honesto, su palabra es sagrada.

CONJUGACIÓN DEL MONO
CON EL HORÓSCOPO OCCIDENTAL

Mono Aries

Este gorila lucha únicamente para ganar. Su campo de

acción es ilimitado, ama los desafíos y los obstáculos. Es un mono enérgico, entusiasta, desenvuelto, astuto y genial. Sabe refrenar sus instintos camorristas si eso va en contra de sus intereses. Su franqueza conmueve, su espontaneidad emociona. Es un mono orquesta; maneja varios amores, varias discusiones y varios negocios con habilidad. Este dotado tiene la fuerza necesaria para triunfar en la vida.

Mono Tauro

Detrás de este tití se esconde un mono sabio, exigente, sentimental y perseverante. Posee inteligencia y memoria prácticas que pone al servicio de sus objetivos. No da puntada sin hilo; este materialista necesita dinero para concretar sus ambiciones. También idealista, lucha por cambiar a los demás y es muy generoso con quienes ama. Romántico y tierno, sensual y refinado, seguirá los latidos de su corazón aunque tenga los pies en la tierra.

Mono Géminis

Este mono salta de rama en rama y solo se detiene si el motivo de atención lo fascina. Multifacético, gracioso, versátil, inquieto, utiliza al máximo sus recursos para triunfar. Flirtea, mariposea, puede seducir a un poste de teléfono. Los planes a largo plazo lo aburren y el esfuerzo no es su fuerte. Verdadero rey del discurso verbal, manipula a los demás con sus morisquetas; su moral es elástica, sobre todo consigo mismo. Algo diabólico, sabe convencer y se desenvuelve bien.

Mono Cáncer

Es un placer tenerlo en la familia; se desvive para hacer felices a los amigos. Su mayor patrimonio es su fértil imaginación; inventa y fantasea sin límites. Muy humano, se ocupa de la gente que lo necesita y convoca multitudes. Formará una familia llena de vitalidad y jamás los abandonará. Su lucidez y espíritu crítico son sus mejores virtudes.

Mono Leo

Es el rey de los monos. Necesita que lo aplaudan, admiren y adoren para salir a la cancha. Conseguirá lo que se proponga pues su astucia, inteligencia y relaciones sociales son para envidiar. Noble y generoso, la vida cotidiana lo aburre mortalmente: delega esas responsabilidades en otros. Apunta alto; tiene que alcanzar la realización de su propio mito por una creación personal. Cuando lo hieren es vengativo.

Mono Virgo

Está segmentado; su fantasía y su inteligencia chocan con su necesidad de orden, límites y rigor. Se hace el moralista, pero esto lo irrita. Cuando acepte sus contradicciones será un mono genial, gracioso, original, trabajador, práctico y realista. En el amor es tan cerebral que no logra mantener la ilusión ni siquiera por un ratito.

Mono Libra

Este mono es un gran comunicador, artista, orador, intérprete de los sentimientos ajenos; necesita tener público que lo siga en sus delirios. Mundano, sociable, diplomático, gentil con los demás, puede convertirse en indispensable. Este hipnotizador es tierno y humano y sabe hacerse querer entrañablemente.

Mono Escorpio

Este mono nació para complicarse y complicar la existencia de los demás. Es cínico, retorcido, especulador; siempre busca ir hacia el fondo de las cosas, analizarlas y hacerse preguntas existenciales. Le interesa el mundo de los mitos y el de los símbolos. Tendrá relaciones tortuosas y maquiavélicas. Es un peligro tenerlo de enemigo.

Mono Sagitario

Este mono es perfecto. Brillante, indulgente, comprensivo, lúcido y cálido; se entusiasma, es optimista, le enseña a la gente el arte de vivir, triunfar, amar y, sobre todo, viajar.

Tiene buen humor, es servicial y jamás se queja de su suerte. Sueña con nuevos horizontes; es muy aventurero e independiente. No trate de encerrarlo en una jaula: podría convertirse en un mono rabioso y peligroso.

Mono Capricornio

Es taimado. Selecciona sus relaciones, se fía únicamente de sí mismo, analiza el comportamiento de los demás y no elige si no hace investigaciones profundas. Moralista, juzga a los demás, y exige más de lo que da. Es intelectual y racional. Con los afectos se muestra frío y distante.

Mono Acuario

El mono más original e inventivo. Es un visionario; tiene ideas para lo que vendrá. Sabio, creador, fantasioso, con gran verborragia, hechiza a todos con su brillante personalidad. Inestable emocionalmente, siempre desaparece como por arte de magia.

Mono Piscis

Es un mono huidizo y versátil que hace malabarismos con los demás. Se mimetiza con los otros y no sabe quién es. No le gusta esforzarse ni luchar; tiene intuiciones y visiones premonitorias. Se adapta a la vida como un camaleón y cambia de color según la ocasión.

EL MONO EN EL AMOR

Mono y Rata

La rata se sentirá hechizada. Al mono le queda cómodo tener alguien que se desviva por él. Tendrán intereses comunes, se divertirán y viajarán por el mundo. Un idilio para toda la vida.

Mono y Búfalo

Será una unión con *swing*. Los dos son individualistas,

solitarios y celosos de su vida profesional. Si no se invaden el territorio llegarán a quererse y respetarse toda la vida.

Mono y Tigre
Se necesitan mutuamente para soñar. Habrá sexo, magia, celos, viajes y, muchas veces, competencia. Se estimularán hasta donde se soporten.

Mono y Conejo
Habrá mucho para hacer y aprender si tienen intereses comunes. Darán fiestas, aprenderán algún deporte, viajarán y se divertirán a costillas de los demás.

Mono y Dragón
Seguirán juntos el camino a pesar de las vicisitudes porque se apoyarán en los momentos de flaqueza. Destreza y ambición combinadas en busca de poder.

Mono y Serpiente
Tal vez, si Dios y el mono quieren. Todo depende del mono... y de Dios.

Mono y Caballo
Si el caballo soporta al mono y no lo quiere cambiar, esta unión es indestructible.

Mono y Cabra
Se divertirán y harán planes artísticos juntos, pero el mono se hartará de la dependencia de la cabra y buscará nuevos estímulos.

Mono y Mono
Para un mono no hay nada mejor que otro mono. Son lúcidos, ambiciosos, sociables y exitistas. Se ríen de sus monerías y son sabios para no pelearse por estupideces. A veces se sentirán hermanos.

Mono y Gallo

Viven compitiendo y criticándose mutuamente. Se sentirán exigidos, aburridos y víctimas de los caprichos del otro. La comunicación se hará cada vez más difícil; claro que a veces se encuentran en la cámara nupcial y pasan un buen rato.

Mono y Perro

El perro se fascina con el mono, y éste se siente subyugado con la honestidad y la lucidez de aquél. A veces al perro le molestarán el espíritu arribista del mono y sus tácticas para escalar. El mono odiará el ascetismo del perro para vivir y se sentirá incomprendido.

Mono y Cerdo

Será una unión muy sabia. Ambos admiran y respetan al otro y lo dejan en libertad para hacer su mambo. El mono se doblegará ante la bondad del cerdo y se dejará mimar a gusto. Gran afinidad física e intelectual.

EL MONO EN LA AMISTAD

Mono y Rata

Complicidad y admiración mutuas. Sentirán estrellitas al estar juntos y muchas ganas de compartir viajes, salidas y espectáculos.

Mono y Búfalo

Al búfalo le gusta el mono y trata de dominarlo hasta que este se harta y lo manda a pasear...

Mono y Tigre

Serán amigos inseparables, cómplices y temibles jueces de los demás. Podrán contar con el otro en las buenas y en las malas.

Mono y Conejo

Sabrán apreciar lo que la vida les brinda. Son dos buenos cómplices y amigos que se dirán las cosas que el otro quiere escuchar. Se divertirán a expensas de los demás.

Mono y Dragón

Compartirán grandes secretos. Tendrán una amistad sólida aunque vivan temporadas de gran ofuscación.

Mono y Serpiente

Se ayudarán, pero con grandes reservas. En casos extremos se harán humo mutuamente.

Mono y Caballo

Tendrán miles de cosas para compartir; charlas, trabajos, viajes, confesiones. Hasta se pueden echar una canita al aire...

Mono y Cabra

Ambos crecerán y disfrutarán juntos una vocación o trabajo que les permitirá madurar.

Mono y Mono

Les encanta ser cómplices de las buenas y las malas ideas. Una dupla indestructible.

Mono y Gallo

No tienen nada en común... Tal vez, la ilusión.

Mono y Perro

Aunque no se tomen muy en serio el uno al otro, la unión no será imposible.

Mono y Cerdo

El mono respeta al cerdo, y este se siente en éxtasis con aquel.

EL MONO EN LOS NEGOCIOS

Mono y Rata
Es una combinación acertada: esfuerzo, especulación, habilidad y muchísimo dinero.

Mono y Búfalo
Sólo para salvar una situación temporaria y, aun así, con ciertos miramientos.

Mono y Tigre
Ambos desconfían del otro. Terminarán a los rasguños.

Mono y Conejo
Solo un acercamiento, pero en el momento de concretar será *Lo que el viento se llevó*.

Mono y Dragón
Construirán un imperio casi sin darse cuenta de lo que les costó. Una asociación brillante y renovadora.

Mono y Serpiente
Se esconderán bajo sus respectivos cinismos. Se destruirán hasta la aniquilación total.

Mono y Caballo
Podrían intentarlo si se comprometen mediante la firma de un contrato. Se necesita claridad en los papeles.

Mono y Cabra
Dúo productivo; explotarán lo mejor de cada uno y ganarán dinero.

Mono y Mono
A fuerza de querer ser uno más astuto que el otro, llegarán a tener serios problemas.

Mono y Gallo
¡Pobre gallo! ¡El mono lo va a desplumar!

Mono y Perro
Sociedad con tensiones. El mono teme al perro, que no se deja manejar.

Mono y Cerdo
Al mono le interesa sobremanera asociarse con el cerdo. Hasta se volverá generoso con él porque le conviene.

RELACIÓN PADRES E HIJOS

Padre Rata, hijo Mono
Este mono estará convencido de que es un semidiós. El estímulo ciego no lo ayuda a ser feliz.

Padre Búfalo, hijo Mono
El búfalo adora dejarse cazar por el mono y éste será el amo de la situación.

Padre Tigre, hijo Mono
A menudo el tigre es burlado, pero al mono le conviene no abusar de ese estado de cosas.

Padre Conejo, hijo Mono
El mono apreciará las conversaciones mirando el fuego de la chimenea del conejo. Al conejo no se lo puede engañar.

Padre Dragón, hijo Mono
Acuerdo y devoción entre ambos. El dragón aporta sabiduría cuando el mono lo solicita.

Padre Serpiente, hijo Mono
El mono sabe arreglárselas... como siempre.

Padre Caballo, hijo Mono
El Edipo bien resuelto, y a otra cosa, mariposa...

Padre Cabra, hijo Mono
Insólito. Este parentesco divertirá al mono y le brindará a la cabra una pradera fértil para realizarse.

Padre Mono, hijo Mono
Complicidad absoluta entre estos monos. A astuto, astuto y medio.

Padre Gallo, hijo Mono
El gallo se siente desplumado pero contento.

Padre Perro, hijo Mono
El perro no toma en serio al mono, aunque lo adora y no puede vivir sin él. Y es recíproco.

Padre Cerdo, hijo Mono
Fuerte vínculo. El mono asombra y divierte al cerdo, aunque lo respeta.

CÓMO LE VA AL MONO
EN LOS DIFERENTES AÑOS

Año de la Rata
Se le presentará todo a favor en las grandes y pequeñas empresas. Tendrá salud, dinero y amor al por mayor. Tal vez gane algún premio o concurso.

Año del Búfalo
No será un año fácil. Le costará ganar dinero, no habrá muchas diversiones y estará más preocupado por los demás que de costumbre. Tal vez una ruptura sentimental lo ponga serio.

Año del Tigre

Será un año de cambios radicales en su vida. Estará con energía, entusiasmo y ganas de conquistar nuevos horizontes. Tiempo de renovación y revolución.

Año del Conejo

El mono volverá a encontrar la alegría de vivir. Todo le saldrá bien. Hará excelentes negocios y viajes. Vivirá romances apasionados.

Año del Dragón

Será un año «para adentro». El mono estará mutando su energía: observa, piensa, profundiza. No hace esfuerzos sobrenaturales porque no puede.

Año de la Serpiente

Este año el mono sentirá desasosiego y angustia existencial. Deberá enfrentar situaciones difíciles; no verá los frutos de su labor y tendrá que tomar una decisión dolorosa.

Año del Caballo

Este año no será muy fluido para el mono. Deberá trabajar sin llamar la atención y no contar sus proyectos a la gente que lo rodea. Tendrá que seducir a más de uno aunque no tenga ganas.

Año de la Cabra

Aparecen novedades apasionantes. El mono salta de rama en rama, tiene ideas nuevas y seduce a nuevos amigos. El destino le ofrece oportunidades y alegrías inesperadas, pero sea discreto.

Año del Mono

El mono no se privará de nada. Estará sobreexigido, saldrá a mostrarse y brillará en sociedad. Ganará posiciones, dinero, prestigio y poder.

Año del Gallo

Este año el mono deberá esforzarse para conseguir sus fines. Estará más puntual, atento y bienintencionado que nunca. Deberá hacer esfuerzos para no contestar o imponer sus ideas. Sea previsor y no se desborde.

Año del Perro

Será un año de aprendizaje. Nada resultará fácil, sobre todo legalmente. Estará asediado por la familia y por una relación muy complicada. Evite las transacciones y asociaciones impulsivas. Desconfíe aun de su sombra.

Año del Cerdo

Este será un año clave en la supervivencia del mono. Deberá dominar sus impulsos para no estrangular a alguien que lo enloquece. Una avalancha de responsabilidades lo acosará y tendrá que moderarse para no perder el control de su vida. ¡Ánimo!

Mono de agua

Elizabeth Taylor

Mono de fuego

Ricardo Darín

Gallo

Gallo

UN AVENTURERO DE GALPÓN

....

Ficha técnica
Nombre chino del gallo: JI
Número de orden: DÉCIMO
Horas regidas por el gallo: 17.00 a 19.00
Dirección de su signo: DIRECTAMENTE AL OESTE
Estación y mes principal: OTOÑO-SEPTIEMBRE
Corresponde al signo occidental: VIRGO
Energía fija: METAL
Tronco: NEGATIVO

Eres gallo si naciste
08/02/1921 - 27/01/1922
GALLO DE METAL

26/01/1933 - 13/02/1934
GALLO DE AGUA

13/02/1945 - 01/02/1946
GALLO DE MADERA

31/01/1957 - 17/02/1958
GALLO DE FUEGO

17/02/1969 - 05/02/1970
GALLO DE TIERRA

05/02/1981 - 24/01/1982
GALLO DE METAL

23/01/1993 - 09/02/1994
GALLO DE AGUA

09/02/2005 - 28/01/2006
GALLO DE MADERA

28/01/2017 - 15/02/2018
GALLO DE FUEGO

Los países nos hablan
enseñan, golpean, sacuden,
ubican existencialmente.
Nos curan del Edipo, los rollos,
el hipertiroidismo, la columna,
dan pero no nos sacan
exorcizan el alma
nos dejan ser adúlteros,
sentirnos en la pulpa,
gustarnos, odiarnos,
despreciarnos, valorarnos,
saber con quién qué cosas
y dejar huellas livianas
que no nos duelan tanto.
Los países
son los verdaderos padres.

L. S. D.

LA PERSONALIDAD DEL GALLO

De todos los signos del zodíaco chino, el gallo es el que más me cuesta captar. La primera sensación que tengo al estar con él es su gran angustia existencial, cubierta por un plumaje a veces estridente y otras, ralo. Debo reconocer que no tengo mucha paciencia con esta ave de corral, que a veces resulta un gallo intrépido y valiente capaz de afrontar la vida con estoicismo y originalidad. Es cierto que los debo dividir entre dos tipos bien definidos: los gallos macromambo y los gallos micromambo.

Es un gran misterio descubrir cómo es el gallo y cuáles son sus sentimientos, deseos, opiniones, ambiciones y gustos; su personalidad es contradictoria. En China piensan que el color rojo de su cresta ahuyenta al diablo y a los seres maléficos. Su gran franqueza cae bastante mal; carece de diplomacia y su espontaneidad sacude a los demás. Cuando el gallo es excéntrico, se convierte en centro de atención y se pavonea, produce admiración, estupor o un rechazo absoluto en la gente. Necesita llamar la atención de alguna manera, inclusive pasando inadvertido. Le encanta figurar, participar en reuniones, fiestas, actos públicos, y conversar animadamente. Nació para participar y dejar su sello en todo lo que hace. Bajo su aspecto atildado es un conformista que esconde cuidadosamente su gusto por los temas serios. Prefiere pasar por un superficial antes que exponer delante de todo el mundo su yo profundo, pero cuando se siente cómodo o se desinhibe es capaz de transformarse por completo y conmovernos con su sensibilidad exquisita. Es un perfeccionista casi obsesivo, olvida lo esencial y se muere de inquietud si alguien le cambia el vaso de lugar. Tiene una tendencia a observarse cuidadosamente y su humor cambiante desconcierta a la gente que lo rodea. Algo vanidoso y fanfarrón, a veces tiene una actitud prepotente con la gente que lo rodea, y causa conflictos. Necesita que lo adulen y estimulen en sus acciones y opiniones, y no soporta la indiferencia.

El gallo tiene un gran corazón, es capaz de desvivirse por alguien a quien quiere y admira, y dejar de lado sus necesidades para complacer a quien ama. Es inteligente, práctico, sólido, valiente y eficaz; no duda en luchar y comprometerse para afirmar sus opiniones.

Cuando tiene una gran vocación o ama su profesión se dedica con ahínco, y con sus patas y su pico busca un gusano en el desierto. El gallo es el Don Quijote del zodíaco, y sus hazañas a veces parecen de ciencia ficción.

EL GALLO Y EL TRABAJO

Es un planificador temible; está dotado para manejar sus finanzas y las de los otros. Le produce un gran placer dedicarse las veinticuatro horas a su trabajo y sentir que no se le escapa nada y que no delega responsabilidades. Es un obsesivo de los detalles: pulcro, casi maniático, cuanto más claras y precisas sean las ideas, mejor funcionará.

EL GALLO Y EL DINERO

Tiene arrebatos de generosidad y de mezquindad. Es gastador con sus caprichos: un buen guardarropa, viajes, hoteles lujosos y todo el confort. Mundano, recibe mucho y le gusta invitar a personas que le puedan conseguir medallas. Ahorrará para comprarse la casa de sus sueños y tener una colección de objetos de arte.

EL GALLO Y SUS AMORES

Es capaz de amar con fervor y dedicación, entregándose apasionadamente a su pareja. Le encanta discutir, imaginar y planear de a dos. Es muy sensual, celoso y crítico. Necesita que se ocupen de él y si el otro no responde a sus pedidos lo deja muy pronto para encontrar a alguien que lo comprenda mejor. Le gustan los intercambios intelectuales, adora conversar sobre los orígenes del hombre o hablar de sus últimos éxitos laborales sin por eso sacrificar sus noches mundanas. Para seducirlo hay que repetirle que es irresistible, no rivalizar, extasiarse con su inteligencia e invitarlo a comer con amigos onda esnob y organizar fiestas del *jet set*.

EL GALLO Y LA FAMILIA

Protector, responsable y muy cariñoso, le gusta mandar y no soporta que le discutan una orden. Es atento y tierno con su familia, pero no sacrifica sus noches mundanas por ellos. Se esmerará para que su familia sea socia del mejor club, sus hijos concurran al mejor colegio y puedan estar en el cuadro de honor.

El gallo es un conservador y, aunque parezca liberal, no tolerará las rebeliones ni los cambios de planes si no está de acuerdo.

EL GALLO Y SU ENERGÍA

GALLO DE MADERA (1895-1945-2005)
Este gallo se involucra espontáneamente y no comprende

si no comparten su entusiasmo. Desborda energía y es difícil seguirlo. Sociable y tolerante, admite que la gente no esté de acuerdo con sus ideas. Resulta tan exigente y minucioso que a veces se torna insoportable. Es humanista; no duda en emprender acciones sociales para mejorar las condiciones de vida de las masas. Progresista, responsable, puede hacerse notar en un campo donde su visión futurista hará maravillas.

Personajes famosos

Eric Clapton, Carmen Maura, Sandro, Gal Costa, John Fogerty, Ritchie Blackmore, Yoko Ono, Elton John, Jean Paul Belmondo, Diane Keaton, Michael Douglas, Bryan Ferry, Bianca Jagger, Julio Iglesias, Bette Midler, Pete Townshend.

GALLO DE FUEGO (1897-1957-2017)

Su fuego marca con convicción sus acciones firmes y entusiastas. Es un individualista hosco, solitario y extremadamente perfeccionista; solo se fía de sus propios juicios, sin importarle lo que piensen los demás. Su franqueza es temible, no se imagina que alguien no pueda compartir sus opiniones. Más desconfiado que Al Capone, cuando le proponen un negocio lo analiza del derecho y del revés. Es líder, hábil, dinámico y preciso. Tiene códigos morales, pero debería ser más flexible.

Personajes famosos

Luis Salinas, Alicia Moreau de Justo, Katja Aleman, Melanie Griffith, Siouxie Sioux, Robert Smith, Miguel Bosé, Sandra Mihanovich.

GALLO DE TIERRA (1849-1909-1969)

Se pasará la vida analizando todo, hasta su vaso de enjuagarse los dientes; no dejará nada librado al azar. Ordena sus ideas y, con método, prudencia y paciencia, avanzará. Cuando discute dice lo que piensa y es un advertido moralizador. Ubica todo en pequeños cajones, cada uno con una etiqueta, y también sus sentimientos son desmenuzados y clasificados con orden. Es un trabajador temible y sabe mostrarse implacable cuando hace falta.

Personajes famosos

Marguerite Yourcenar, Jennifer Jackson, Elia Kazan, Giuseppe Verdi, Richard Wagner, José Ferrer, Daniel Day-Lewis.

GALLO DE METAL (1861-1921-1981)

Este gallo se las trae: un ejemplar nada fácil. Su pasión es trabajar, le interesan los puestos importantes y persigue sus objetivos con tenacidad. No hace ninguna concesión y no se adapta a conceptos que no sean los suyos. Racional y lógico, analiza cada acto de su vida y siempre tiene respuestas para sus interlocutores. Desmenuza los sentimientos, y piensa que la emoción o la sensibilidad son cosas vagas, borrosas, difíciles de definir, de delimitar. Necesita del éxito material, pero se involucra en proyectos idealistas cuyo objetivo es encontrar nuevos medios para ayudar a los demás. Reformador, extremista, la política es su fuerte.

Personajes famosos

Fernando Alonso, Astor Piazzolla, Charles Bronson, Dick Bogarde, James Jones, Simone Signoret, Jane Russell, Deborah Kerr, Dionisio Aizcorbe, Esther Williams.

GALLO DE AGUA (1873-1933-1993)

No se siente el dueño de la verdad, acepta el debate y se adapta a la forma de pensar de los demás. Le gusta cultivarse; estará rodeado de artistas, incentivará la creatividad y se ocupará de la ciencia y la salud. Tiene el don de la oratoria y de la réplica. Funciona con precisión y está tan obsesionado por la perfección que puede perderse en los detalles; tiene necesidad de vivir en carne propia lo que dice y llegará al fondo de cada asunto. Es un médium de la energía propia y ajena. Su fuerza magnética está oculta debajo de sus plumas.

Personajes famosos

Roman Polansky, Sacha Distel, Costa Gavras, Joan Collins, Quincy Jones, Michael Caine, Carol Burnett, Alberto Migré, Alberto Olmedo.

EL GALLO Y SU ASCENDENTE
O COMPAÑERO DE CAMINO

Gallo ascendente Rata: 23.00 a 01.00

Este gallo es cálido, tolerante, ecléctico y adora dialogar. Detesta que lo ataquen de frente y picotea a los groseros que no captan sus sentimientos.

Gallo ascendente Búfalo: 01.00 a 03.00

Testarudo, quiere dominar, tiene los pies sobre la tierra y no se dejará manipular. Es sociable, intuitivo e inteligente; sabe frenar su ego y nunca se rinde; tiene un humor ácido y sutil.

Gallo ascendente Tigre: 03.00 a 05.00

Un señor gallo; sus ambiciones son desmedidas y sueña con acariciar el poder. A veces nos agota con sus «cocorocós»; mejor que se baje de la anfetamina.

Gallo ascendente Conejo: 05.00 a 07.00

Es un gran seductor y sibarita. Sabe lo que quiere, tiene todo para triunfar, quiere controlar su vida, la mía y la del resto de la humanidad.

Gallo ascendente Dragón: 07.00 a 09.00

Irresistible, cuando habla escupe fuego con franqueza apabullante. Vuela alto y no deja pasar nada. Gracioso, generoso y dominante, defenderá su puesto largando llamaradas.

Gallo ascendente Serpiente: 09.00 a 11.00

No soporta que se metan en sus asuntos. Es inquieto, tranquilo o arbitrario, según su humor. No acepta críticas y se vengará si hablan mal de él. Vive obsesionado por la imagen que da.

Gallo ascendente Caballo: 11.00 a 13.00

Apuesta a ganar. Orgulloso, fiel y fantasioso, es también generoso, confiable y talentoso. Un gallo con *swing*.

Gallo ascendente Cabra: 13.00 a 15.00

Fantasioso, cambiante, independiente, buscará la pradera del amor y de la libertad, con tal de no estar atado. Su gran necesidad de amar lo convertirá en un tierno gallo.

Gallo ascendente Mono: 15.00 a 17.00

Hará todo lo que pueda para llamar la atención. Sagaz, astuto, inteligente, es práctico y materialista para procurarse un gallinero lujoso y confortable. Se puede contar con su coraje y tiene un humor irresistible.

Gallo ascendente Gallo: 17.00 a 19.00

Se cree único. Se pavonea, agrede, es franco y excéntrico. Critica, juzga y se ríe de los demás. Cambie con urgencia o lo harán puchero.

Gallo ascendente Perro: 19.00 a 21.00

Este gallo idealista lucha por sus ideas con tesón. Defenderá a los necesitados. Fiel, amistoso, sabe escuchar, comprender y perdonar. Tiene palabra y es optimista.

Gallo ascendente Cerdo: 21.00 a 23.00

Tiene su propio conocimiento y no funciona como todo el mundo. Es discreto y reservado; sabe guardar un secreto. Estará al servicio de los demás y aclarará las dudas.

CONJUGACIÓN DEL GALLO
CON EL HORÓSCOPO OCCIDENTAL

Gallo Aries

Dice todo lo que piensa sin tener en cuenta la susceptibilidad ajena. Tiene una falta total de fineza y va derecho a lo que quiere. Idealista, adora hacerse el héroe y salvar a los más desprotegidos. Es el tipo de gallo Superman y adora la historia de los tres mosqueteros. Imposible tratarlo de hipócrita. Franco, leal, intrépido, derecho, detesta la mentira y la corrupción. Es muy mujeriego y adora conquistar.

Gallo Tauro
Este gallo junta lo útil con lo agradable; es servicial y trabaja como un condenado. Necesita resultados concretos, palpables y materiales. Debería retener su lengua adentro de su pico cuando nos canta las verdades. No hay que hacerle perder tiempo porque se pone furioso; hay que admirarlo, respetar su autonomía y decirle que es un gallo espléndido. No tiene límite para recibir halagos.

Gallo Géminis
Corre y recorre el gallinero para ver qué hay de nuevo para emprender; es bastante nervioso y agitado. Nos agota con su vida trepidante, quiere organizar todo y bajo ese aspecto enloquecido puede ser muy pragmático. Tiene suficiente olfato para ser un gran gallo y poder armar multinacionales. Déjelo tomar aire y moverse, que no le será infiel.

Gallo Cáncer
Cicatriza mal sus heridas afectivas. Susceptible, toma los silencios como si fueran reprimendas; lunático, se enoja y pone cara larga porque sí. Se siente bien en su casa con su familia y pelea con quien los moleste. Tierno, fanfarrón, necesita que lo calmen y le hagan cariñitos. Si se siente amado es capaz de actuar, de tener éxito y aun de ser diplomático cuando haga falta. Parece pasivo, pero esconde su fuerza entre las plumas.

Gallo Leo
Soberbio y vanidoso, ama el éxito, el lujo y el poder; quiere mandar y ser el propietario de varios gallineros. Es un gallo real, honesto; le gusta ser generoso y mecenas de artistas y desprotegidos. A veces, cuando lo contradicen, es un perfecto egoísta. Necesita que lo adulen todas las mañanas y que le digan piropos mientras tira un poco de maíz a quienes lo rodean.

Gallo Virgo

Este gallo virtuoso pasa su vida buscando la perfección. Es ultraserio y responsable en el trabajo, y acepta los desafíos. Piensa que después de la cosecha hay que guardar el maíz para poder comer en el invierno. ¿Se dio cuenta de cuál es su estilo? Deshace entuertos y trata de que sus gallinas sean razonables.

Gallo Libra

Detesta las peleas, y para que reine la paz hasta puede ser diplomático. Habla de armonía, predica los matices; es menos excesivo que los otros; puede tener mucho tacto, pero ¡atención!, si usted comete una injusticia, reaccionará violentamente. Elegante, esteta, conformista, es un moralista. Se fía de las apariencias y se enamora de las caras bonitas. Es un gallo utópico.

Gallo Escorpio

Orgulloso, no acepta ninguna concesión ni cede ante ninguna presión, y usa su pico para defenderse. No hay que contrariarlo ni discutirle sus ideas. Tiene mucho coraje y llega hasta el final en lo que emprende. Individualista, hosco, detesta mezclarse con las masas y jamás se detendrá a esperar a nadie.

Gallo Sagitario

Es un gallo trotamundos; tiene necesidad de viajar. Sus proyectos son dantescos, sus amores apasionados, siempre quiere más de lo que tiene. Imposible discutir con él porque se cree el dueño de la razón. Es leal, sincero, buen amigo, gracioso, y sus cuentos son fascinantes.

Gallo Capricornio

Es un gallo solitario y helado. De una eficacia temible, adora las responsabilidades, el trabajo, y predica el esfuerzo. Detesta la mentira, la corrupción y la hipocresía. Se arrancará las plumas por un amigo, para hacerle un acolchado y para cuidarlo si tiene una gripe. Muy puntilloso, posee una tenaz perseverancia y una lucidez extraordinaria

Gallo Acuario

Tiene un estilo nada fácil de digerir, da indicaciones y es un soñador convencido de que cambiará el mundo. Transgresor, inventivo, original, la lógica no es su fuerte. Le encanta intercambiar opiniones y acepta a la gente con otras ideas. Sea un gallo o una gallina, en el amor necesita un harén.

Gallo Piscis

No trate de agarrarlo, se le escapará de las manos. Sensible y soñador, altruista, adora estar rodeado de amigos. Le gusta disfrutar de la vida, no le interesa cambiar el curso de las cosas. Necesita sus raíces, su confort y no se desloma trabajando.

EL GALLO EN EL AMOR

Gallo y Rata

Se encolerizarán mutuamente y la agresividad de ambos los hará acabar en la ruina. Unión no aconsejable por las diferencias emocionales de cada uno.

Gallo y Búfalo

Si no fuera porque el gallo vanidoso tiene ganas de mandar, o por lo menos de aparentar que lo hace, todo sería perfecto. Pero... mejor que se abstengan de unirse.

Gallo y Tigre

El tigre no soportará la fatuidad del gallo y será injusto con él. No es posible.

Gallo y Conejo

Aunque no sean graves, las fanfarronadas del gallo exasperan al conejo. En ningún aspecto deberán unirse.

Gallo y Dragón

Serán compañeros, hermanos, amantes, y se sentirán orgullosos el uno del otro. ¡Unión exitosa!

Gallo y Serpiente

La serpiente siempre tiene el buen tino de cuidar el prestigio de los demás. Filosofarán y se complementarán de lo mejor. Afinidad física, psíquica y emocional.

Gallo y Caballo

Serán desdichados. No comparten la misma filosofía en el amor.

Gallo y Cabra

La cabra no sabe vivir del amor y del aire, y el trabajo no es asunto suyo. ¡Hasta se cansa de ver trabajar al gallo! No podrá ser.

Gallo y Mono

El mono puede sacar provecho del gallo, pero este será desgraciado y el mono seguirá insatisfecho.

Gallo y Gallo

La tradición dice que dos pollos bajo el mismo techo terminarán a los picotazos. No se soportan porque detestan ver en el otro sus propios defectos. Compiten, se agreden y se dicen las verdades cara a cara. Tal vez puedan tolerarse por un rato...

Gallo y Perro

Serán los reyes de la crítica, la franqueza y la discusión. El perro no soporta el aspecto fanfarrón y excéntrico del gallo, y este lo picotea. Se hacen moretones en el alma.

Gallo y Cerdo

El cerdo no deja que el pico del gallo le arruine el cuero. Se ríe cuando lo ve protestar y fanfarronear. Ambos son honestos, se respetan y colaboran mutuamente para enaltecer sus virtudes. El gallo ayuda a su cerdo a ser menos ingenuo y no quiere engañarlo por nada del mundo.

EL GALLO EN LA AMISTAD

Gallo y Rata
Simpatizan y comparten la misma vocación de buscavidas. Irán juntos al club, a los mítines y a las barricadas.

Gallo y Búfalo
Serán generosos, felices y leales toda la vida.

Gallo y Tigre
Se admirarán mutuamente. Tal vez sea una relación basada en las necesidades esenciales de ambos.

Gallo y Conejo
El gallo es muy ruidoso para la sensibilidad del conejo. ¡No!

Gallo y Dragón
Viajarán y compartirán vicisitudes. Será una amistad sólida; sacarán chispas.

Gallo y Serpiente
Se pasarán la vida dialogando; haciendo compras y confiando uno en el otro. Buena conjugación.

Gallo y Caballo
Tal vez puedan ser buenos vecinos y muy salidores... pero en un país lejano.

Gallo y Cabra
En los momentos de crisis se ayudarán mucho y se soportarán mutuamente las ñañas.

Gallo y Mono
Intentarán todo tipo de actividades, pero se aburrirán porque no tienen nada en común.

Gallo y Gallo
Es una amistad imposible. Trifulcas aseguradas.

Gallo y Perro
Vano intento. Los separa un mundo, un muro, un foso, una muralla.

Gallo y Cerdo
Al cerdo más le valdría mantener al gallo a distancia. Lo picoteará.

EL GALLO EN LOS NEGOCIOS

Gallo y Rata
Será un suicidio. Irán a la quiebra.

Gallo y Búfalo
Mucho trabajo y poco beneficio. El búfalo no reconoce los esfuerzos del gallo. Lo cree un haragán.

Gallo y Tigre
Pueden compartir experiencias inolvidables, sobre todo para el tigre.

Gallo y Conejo
No creo que sea una alianza posible. No podrían cumplir con las horas diarias de labor.

Gallo y Dragón
Pueden salir beneficiados si se esfuerzan y no delegan en otros el trabajo.

Gallo y Serpiente
Pasarán días y noches fascinados... hablando de lo que no van a hacer...

Gallo y Caballo
Será una sociedad de papel. En la práctica no prospera.

Gallo y Cabra
Tratarán de concentrar sus diversas fuerzas y abrirán fuentes de trabajo que no podrán controlar.

Gallo y Mono
El gallo perderá el tiempo y la energía en el intento.

Gallo y Gallo
Se desplumarán mutuamente. Habrá trifulcas y picoteos.

Gallo y Perro
Sería una dupla peligrosa. No se ponen de acuerdo en nada o casi nada.

Gallo y Cerdo
El cerdo no confía en la capacidad del gallo... Será difícil.

RELACIÓN PADRES E HIJOS

Padre Rata, hijo Gallo
Habrá muchas peleas, pero podrán descargar tensiones.

Padre Búfalo, hijo Gallo
El gallo buscará llamar la atención del búfalo y se sentirá feliz de escuchar sus consejos.

Padre Tigre, hijo Gallo
Habrá entusiasmo del tigre por su hijo gallo porque a este lo atrae el poder.

Padre Conejo, hijo Gallo
El conejo no toma en serio al gallo; no le gustan su lenguaje ni su plumaje.

Padre Dragón, hijo Gallo
El gallo obedece ciegamente, dejando satisfecho al dragón. Buen entendimiento.

Padre Serpiente, hijo Gallo
Se entienden muy bien. El gallo se siente halagado porque se cree indispensable, aun cuando eso le cueste la libertad.

Padre Caballo, hijo Gallo
El gallo se siente decepcionado y enjuicia severamente al caballo, pero a este lo tiene sin cuidado su actitud.

Padre Cabra, hijo Gallo
Exasperación recíproca. Una falta de entendimiento total.

Padre Mono, hijo Gallo
El mono se burla sutilmente del gallo haciéndolo sufrir, y este trata de hacer todo lo posible por gustarle.

Padre Gallo, hijo Gallo
Riña de gallos. Es imprescindible evitar su convivencia.

Padre Perro, hijo Gallo
Se evitan mutuamente, nada tienen en común. Al perro lo exaspera la ruidosa obstinación del gallo.

Padre Cerdo, hijo Gallo
Gallo feliz. El cerdo se esfuerza por comprenderlo con mucho amor y paciencia.

CÓMO LE VA AL GALLO
EN LOS DIFERENTES AÑOS

Año de la Rata
El gallo está pobre, su cuenta en el banco, en rojo. No podrá contar con entradas inesperadas. Deberá portarse bien:

a no hacerse el excéntrico, tiene que poner toda su energía al servicio de su actividad.

Año del Búfalo

El búfalo es muy gentil con el gallo; lo ve ardiente e irresistible. El gallo encuentra este año nuevos medios para salir a flote; amigos y conocidos le aportarán oportunidades.

Año del Tigre

Es un año para no abarcar mil cosas a la vez; sea prudente y no se agite por un sí o un no. Evite tomar decisiones intempestivas y controle sus momentos de euforia.

Año del Conejo

El gallo tiene que cuidarse y tener en cuenta los imponderables para no correr riesgos financieros. Asóciese con quienes puedan compartir las responsabilidades.

Año del Dragón

El dragón ama al gallo; lo encuentra fuera de serie, original, pero no loquito. El gallo estará protegido, recibirá medallas y ascensos. Tal vez se case y tenga hijos.

Año de la Serpiente

El gallo aprovecha los buenos consejos de la serpiente. Progresa de a poco y es capaz de iniciar nuevas empresas con éxito. Tal vez deba enfrentar intrigas palaciegas.

Año del Caballo

Al gallo no le gustan las carreras con obstáculos; eso lo cansa e irrita. Tendrá que hacer concesiones, sonrisitas, y actuar con tacto. Esconda el copete y sea diplomático.

Año de la Cabra

El gallo se divierte con la cabra, se relaja, se ríe y hace cabriolas. Los pequeños problemas cotidianos han desaparecido del horizonte y el gallo encuentra que el lenguaje poético de la cabra es interesante. Será un año con más relax...

Año del Mono

El gallo se topará con miles de problemas y trampas. Deberá confiar solo en sí mismo ya que hay engaños en el aire. Tendrá que estar alerta y no llorar, porque mojará sus plumas y perderá su prestigio.

Año del Gallo

El gallo deberá asumir sus compromisos, trabajar duro y cuidar el gallinero. Encontrará gente que lo apoyará y saldrá a flote.

Año del Perro

Será el rey del gallinero, puede respirar pero se siente un poco tristón y depresivo. Lo intrigan los chistes del perro. Tiene angustias metafísicas.

Año del Cerdo

Deberá afrontar situaciones imprevistas. No pasará nada grave, pero es un año para adaptarse y trabajar en lo cotidiano.

Carmen Maura

Gallo de madera

Sandro

Gallo de madera

Perro

Perro

LASSIE Y RINTINTÍN

....

Ficha técnica
Nombre chino del perro: GOU
Número de orden: UNDÉCIMO
Horas regidas por el perro: 19.00 a 21.00
Dirección de su signo: OESTE-NORDESTE
Estación y mes principal: OTOÑO-OCTUBRE
Corresponde al signo occidental: LIBRA
Energía fija: METAL
Tronco: POSITIVO

Eres perro si naciste
28/01/1922 - 15/02/1923
PERRO DE AGUA

14/02/1934 - 03/02/1935
PERRO DE MADERA

02/02/1946 - 21/01/1947
PERRO DE FUEGO

18/02/1958 - 07/02/1959
PERRO DE TIERRA

06/02/1970 - 26/01/1971
PERRO DE METAL

25/01/1982 - 12/02/1983
PERRO DE AGUA

10/02/1994 - 30/01/1995
PERRO DE MADERA

29/01/2006 - 17/02/2007
PERRO DE FUEGO

16/02/2018 - 04/02/2019
PERRO DE TIERRA

Nosotros cuando queremos
podemos
y las pruebas a la vista están.
Somos indios tenaces
defensores intuitivos de la tierra
y de lo que nadie jamás sabrá.
Nos hacemos piedra a piedra
como las pircas cordobesas
y llegamos justo, en el minuto fatal
protegidos por el destino
que corcovea como potro alado
y nos deposita en la inmensidad.
Nuestro cielo no nos abandona
y los ángeles con nosotros están;
la semilla es buena
aunque crezcan yuyos que nos quieran
intoxicar.
América, cada vez te quiero más.

L. S. D.

LA PERSONALIDAD DEL PERRO

Tengo la suerte de que mi madre es perro en el horóscopo chino. Desgraciadamente, yo soy más afortunada que ella, pues los perros tienen el karma de ser los fieles guardianes y protectores de quienes aman, y dudo, como hija, que pueda devolverle algo de este amor, abnegación y devoción que ella siente por mí. Los perros son tan especiales en su manera de dar y recibir que quizá, en la ley de compensación, mi querida madre se sienta feliz con esta última hija que decidió traer al mundo en un acto de inspiración al que le estoy eternamente agradecida.

No es fácil conocer a un perro; como el animal, necesitan agudizar el olfato para saber si esa persona merece entrar en su canil o si pasará por su vida como un simple actor invitado.

La prueba es tenaz; a veces muerden, ladran, aúllan, husmean tanto a quien se acerca que hay que tener humor y amor para sobrevivir a este examen. Pero si usted efectivamente pasa la prueba de fuego, debe ser porque es una buena persona y tiene virtudes de esas que escasean últimamente.

El perro nació bajo el signo de la lealtad. Pasará su vida defendiendo los derechos humanos, la libertad y la justicia. Es muy humano, trabajador y fiel a sus creencias. Conoce todo sobre el género humano, saca los colmillos para pelear y defender a los oprimidos. De sus juicios no se salva nadie, tampoco de sus frases mordaces, y no duda en tratar de perros rabiosos a sus explotadores. Su lógica resulta infalible, es realista y conoce el precio que hay que pagar por cada cosa. Es más pesimista que optimista; piensa que la vida se parece demasiado al purgatorio. En caso de crisis, esto le permite no derrumbarse. Está preparado para recibir malas noticias, es un observador del mundo en que vivimos, y tiene los pies en la tierra.

El perro es fiel, leal, íntegro y lúcido. Cuando ama a alguien es incondicional y capaz de soportar situaciones kafkianas, pero jamás abandona a su amo. Es tímido, a veces actúa de una manera exhibicionista para llamar la atención o defenderse, pero luego se arrepiente y se esconde en su cucha. Inquieto, movedizo, nervioso, nunca descansa, siempre está alerta y dispuesto a salir a la lucha. Es el mejor interlocutor, le apasionan las historias de los demás, los problemas metafísicos y el esoterismo. Sus consejos valen oro y casi siempre acierta en sus juicios. Los chinos le otorgan su confianza porque olfatea las emboscadas y los peligros ocultos.

EL PERRO Y EL TRABAJO

Hace pesar los intereses colectivos antes que los suyos, y eso lo convierte en un apreciable socio de equipo. Puede asumir pesadas responsabilidades sin desmoronarse y su aptitud para ver todo negro lo vuelve muy eficaz en caso de dificultades. Ama meter de vez en cuando su hocico en sus papeles y aburrirse pensando en el tiempo que pasa. Pero cuando hay que actuar, es el primero en cumplir con sus obligaciones y terminar el trabajo. Necesita estar ocupado pues desborda energía, y si tiene una vocación profunda se dedicará con ahínco y devoción. Un luchador que llegará a triunfar si se lo propone.

EL PERRO Y EL DINERO

Cuando ha ganado el dinero con su esfuerzo, no lo derrocha y lo guarda con recelo. Sabe administrar aun mejor el patrimonio ajeno, y detesta hacer gastos superficiales. La pobreza lo angustia y la idea de no tener lo necesario le resulta insoportable, aunque en el fondo ganar dinero no es su obsesión. No hará ninguna bajeza ni tomará ningún compromiso que la moral rechace para amasar una fortuna.

EL PERRO Y SUS AMORES

Tiene una vida sentimental tormentosa. Es demasiado inquieto para gozar de una felicidad sin problemas. Tierno, serio, ansioso, toma un aspecto de perro golpeado cuando mira el objeto de su amor. Si encuentra su alter ego, es para toda la vida. Puede perseguir a su amor hasta hacerlo capitular. La convivencia no resulta fácil, pues es difícil seguirle el ritmo. A veces se pone pesimista con su pareja; exige que comparta su visión de las cosas y se encierra cuando sufre. Para seducirlo hay que ser muy inteligente, sensual, divertido, original e imprevisible; decirle que su cucha es más confortable cuando la habitan dos.

EL PERRO Y LA FAMILIA

No es el típico y convencional padre o madre de familia. Estará presente cuando lo necesiten y ayudará en las cosas concretas; en las que le parezcan imposibles no aportará. Protector y realista, puede hacer grandes sacrificios cuando ama a sus cachorritos. Tratará de educarlos dignamente, los sacará a pasear al campo y les enseñará a defenderse en la vida. Los clichés de la vida familiar le parecen de mal gusto, así que será mejor liberarlo de ellos.

EL PERRO Y SU ENERGÍA

PERRO DE MADERA (1874-1934-1994)

Le gusta funcionar en grupo, respeta el valor de los demás. Aprecia el confort, la belleza y el arte. Equilibrado, es fiel a sus amores y a sus amigos. Sabe aprovechar las ventajas materiales que le ofrece la vida y se adapta a diferentes tipos de gente, necesita asociarse y elige maravillosamente a sus socios, que lo ayudan a seguir adelante. Necesita la aprobación de los demás, y eso lo hace muy dependiente de los juicios externos.

Personajes famosos

Sofía Loren, Rocío Jurado, Elvis Presley, Shirley McLaine, Charly Squirru, Brigitte Bardot, Federico Luppi, «Gato» Barbieri.

PERRO DE FUEGO (1886-1946-2006)

Un perro de certamen: se lo distingue de lejos por su avasallante personalidad. Seductor, magnético, agresivo, no duda en morder cuando defiende a los suyos y se protege de los ataques. Es competitivo, ambicioso y muy polémico. Le gusta el juego social para escalar posiciones y a veces se arriesga sin sentido. Idealista, necesita involucrarse y participar en movimientos sociales. Encuentra los medios y los apoyos necesarios para realizar lo que emprende. La gente confía en él.

Personajes famosos

Cher, Oliver Stone, Liza Minnelli, David Bowie, David Gilmour, Freddie Mercury, Ilie Nastase, Bon Scott, Sylvester Stallone, Susan Sarandon.

PERRO DE TIERRA (1898-1958-2018)

Tiene las patas bien sobre la tierra y se adapta maravillosamente a la realidad; es un notable consejero, positivo, prudente, no decide nada sin antes reflexionar. Muy exigente con socios, maestros y gente con la que trabaja. Sus juicios son imparciales y cuenta con la devoción incondicional de quienes lo rodean. Jamás abusará del poder. Franco, leal y seguro de lo que dice, sabe hablar con los demás y convencerlos para que lo sigan.

Personajes famosos

Petru Valensky, Prince, Thomas Dolby, Kate Bush, Madonna, Michael Jackson, Gary Newman, Tim Burton, Rigoberta Menchú.

PERRO DE METAL (1850-1910-1970)

Un perro de acero que no se regala. Es un crítico terrible y defiende su territorio con los colmillos. Persigue a sus enemigos con ensañamiento y sus ladridos los aterran. Toma la vida seriamente, se fija objetivos difíciles y se impone una disciplina de hierro. No hay que invadir su territorio porque lo defenderá con rigor. Si no comparten sus ideas no dudará en usar la fuerza para obtener aprobación.

Personajes famosos

Matt Damon, Luis Miguel, Julio Sánchez Cristo, Jorge Javier Vázquez, David Niven, Maribel Verdú, Lola Flores, Sócrates, Jacques Cousteau, Gabriela Sabatini, Madre Teresa de Calcuta, Rod Cameron, André Agassi.

PERRO DE AGUA (1862-1922-1982)

Muy seductor e intuitivo, presiente las necesidades de los demás, sabe escucharlos y comprenderlos; aún los pedidos no formulados por su pareja serán interpretados. Acepta las debilidades ajenas, y eso le permite hacer locuras sin sentirse culpable. Psicólogo, sabe aconsejar a sus amigos. Su gran humanidad, su sentido del humor y su talento lo hacen popular.

Personajes famosos

China Zorrilla, José Saramago, Marilú Dari, Alberto Closas, Molière, Vittorio Gassman, Ava Gardner, Franco Zeffirelli, Pierre Cardin, Víctor Hugo, Judy Garland, Alejandro Dumas.

EL PERRO Y SU ASCENDENTE
O COMPAÑERO DE CAMINO

Perro ascendente Rata: 23.00 a 01.00

Está tironeado entre la necesidad del éxito material y su gusto por el ascetismo; vacila ante la reacción de tomar los hábitos o ser ejecutivo de una multinacional. Muerde fuerte si atacan a la familia, aunque después sienta culpa.

Perro ascendente Búfalo: 01.00 a 03.00

Un perro lúcido; no tiene miedo de enfrentar las verdades y nada lo amilana. No se pasa la vida gruñendo y rumiando sobre las cuestiones existenciales. Terminante y conservador, lucha por defender sus ideas y no hace ninguna concesión.

Perro ascendente Tigre: 03.00 a 05.00

Este perro se apasiona; su entusiasmo resulta contagioso. Es menos paciente que sus congéneres. Valiente, enfrenta los problemas de la vida con integridad. Sigue sus ideas con prudencia y temeridad porque sabe adónde lo conducen.

Perro ascendente Conejo: 05.00 a 07.00

Vive en el pasado y olvida el presente. Tiene temor al futuro, es desconfiado y cuestiona todo. Cuando se lo conoce bien, se entrega; es mimoso y un poco pesimista. Rara vez muerde.

Perro ascendente Dragón: 07.00 a 09.00

Un perro idealista que se entusiasma cuando hay una causa para defender. Es capaz de morder para convencer a los otros de que lo sigan en sus ideas y convicciones. Fiel y capaz de una gran perseverancia, es la lealtad personificada.

Perro ascendente Serpiente: 09.00 a 11.00

Es menos moralizador que sus hermanos; se pasa meditando sobre su trágico destino. El fin justifica los medios; su inteligencia lo lleva por caminos poco frecuentados.

Perro ascendente Caballo: 11.00 a 13.00

Le levanta la pata a todo el mundo y no tiene intenciones de quedarse a cuidar la casa. Vivaz y movedizo, es impaciente, fiel y leal. Se autocritica y se burla de sus propios defectos.

Perro ascendente Cabra: 13.00 a 15.00

Artista, lunático, necesita que lo rodeen, que lo atiendan. Se esconde o sale según su humor. Muerde para defender a los débiles. Es manso y tolerante ante las flaquezas humanas.

Perro ascendente Mono: 15.00 a 17.00

Emite opiniones acertadas y con fundamento. Intuitivo, sabe cómo defenderse. A veces salta de rama en rama, haciendo piruetas, y otras veces llora todo el día. Sabe encontrar soluciones a todos los problemas y tiene su propia moral.

Perro ascendente Gallo: 17.00 a 19.00

Ama conquistar, seducir, está muy seguro de sí mismo. Analiza cada situación hasta desmenuzarla por completo. Es un moralizador que indica a los demás el camino a seguir.

Perro ascendente Perro: 19.00 a 21.00

Necesita ser servicial, luchar por un ideal; en el fondo quiere salvar su alma. Le gusta que los demás lo rodeen y lo quieran. Se sobresalta por cualquier cosa.

Perro ascendente Cerdo: 21.00 a 23.00

Leal y sibarita, adora las alegrías de la vida. Se entrega al placer y perdona sus desatinos, pero es moralizador con su entorno.

CONJUGACIÓN DEL PERRO
CON EL HORÓSCOPO OCCIDENTAL

Perro Aries

Es dinámico, enérgico, espontáneo y sale a luchar contra

la injusticia. Necesita tener un ideal, es capaz de sacrificarse por el prójimo. Desinteresado, franco y tierno a la vez, las recompensas materiales no lo motivan. Es extravertido, curioso, y se adapta a los cambios de la vida.

Perro Tauro

Materialista, este perro ama los placeres de la vida y tener una cucha confortable que defiende con sus colmillos. Buen interlocutor, ameno, voluntarioso, posee un sentido práctico muy desarrollado. Necesita muchas demostraciones de afecto y se las arregla notablemente bien en lo económico.

Perro Géminis

Pasa de un extremo al otro, de la exuberancia al pesimismo más exagerado. Se dispersa en la cantidad de proyectos que tiene y le cuesta concretar alguno. Necesita el apoyo de los demás; no sabe elegir con discernimiento. Es mundano, charlatán y frívolo, pero cuando se angustia queda mudo.

Perro Cáncer

Es tan vulnerable y sensible que cuesta no herirlo con algún gesto o palabra. Temerario, dinámico, tierno, tiene un corazón de porcelana. Se entrega por una causa, por una vocación, o para ayudar al prójimo. Contradictorio y maniático, puede transformarse en un perro rabioso si lo hieren.

Perro Leo

Es un can aristocrático que no se detiene ante ninguna responsabilidad. No pone en duda sus capacidades y sabe enfrentar todas las situaciones. Es líder, real, noble y generoso; si da su palabra, la cumple. Triunfará por su fe y su constancia.

Perro Virgo

Este perro se defiende como puede; con dulzura, agresividad, timidez o estoicismo. Necesita orden y límites; es inquieto, nervioso y un poco acomplejado. Fiel, trabajador y estoico, tiene su propia moral. Un poco ácido, se puede contar con él para las cosas importantes. Ama con el corazón y la cabeza.

Perro Libra

Defiende a los desamparados y quiere que reine la armonía. Odia la injusticia; es honesto, selectivo, detesta los excesos y los conflictos. Víctima de sus pasiones, busca el equilibrio en el amor aunque deba pagar un precio muy caro.

Perro Escorpio

Tiene una lengua viperina. Lúcido, critica y desmenuza todo desde el primer vistazo. Es cínico, soberbio, no hace concesiones y espera encontrar una razón para salir a la lucha. Defiende lo indefendible.

Perro Sagitario

Este perro necesita viajar, conocer gente nueva, estimularse y moverse en un espacio amplio. La realidad cotidiana no lo apasiona, busca un mundo donde el honor y la lealtad sean los valores primordiales. Es generoso, altruista, gracioso, vital y buscavidas. Se toma tiempo para reflexionar, pero reacciona demasiado rápido. Anticonvencional, tiene sangre fría en los momentos de crisis.

Perro Capricornio

Este perro nos vigila y observa desde lejos; tiene un aspecto distante que da ganas de acariciarlo. Nació para proteger a los demás y aconsejar con su visión analítica de la vida. Tímido, el mundo de las emociones lo angustia. Si supo domesticarlo, puede contar con su amor hasta que la muerte los separe.

Perro Acuario

Sueña con cambiar las condiciones de vida de todos, necesita ideales. Valiente, parte a la guerra para salvar al último de los mohicanos, pero su lucidez le impide a veces involucrarse completamente, y frena sus acciones. No se le puede pedir constancia en la vida cotidiana porque se aburre.

Perro Piscis
Este perro es indisciplinado, imaginativo y un talentoso buscavidas que espera que se ocupen de él. Creativo, tierno y muy servicial, se desvive por los demás. No le pidan que lleve las cuentas o que sea práctico. Prefiere recitar poemas, soñar y contar cuentos. Hay que cubrirlo de besos y caricias para que no se deprima.

EL PERRO EN EL AMOR

Perro y Rata
Si la rata tiene vida interior y propia puede ser una unión positiva; si no, el perro se hartará de tanta desidia.

Perro y Búfalo
Tendrán dificultades. No comparten la misma moral. El perro es revolucionario y el búfalo conservador.

Perro y Tigre
Afinidad completa. Harán todo lo humanamente posible para sacar la unión adelante, y se amarán con sinceridad.

Perro y Conejo
Todo marcha bien si no hay guerra, aunque el conejo no soportará el aislamiento.

Perro y Dragón
El perro, realista, no se deja embaucar por el brillo del dragón y este no se siente estimulado. Tal vez si ceden un poco...

Perro y Serpiente
Como último recurso pueden intentar enlazar sus vidas;

tendrán éxito si la serpiente está ocupada en algo y no tiene la atención fija en la actividad del perro.

Perro y Caballo

Juntos pueden hacer una casa, tener hijos y fortalecer la sociedad conyugal. Sufrirán un poco porque son independientes.

Perro y Cabra

No tienen la misma frecuencia de onda. Sería un amor incómodo y destructivo.

Perro y Mono

A pesar de las diferencias éticas, se apoyan en sus logros profesionales y sobre todo... ¡se divierten!

Perro y Gallo

No tienen mucho en común... Pero a lo mejor podría ser.

Perro y Perro

Es probable que se amen profundamente, aunque lo más seguro es que no haya grandes sentimientos.

Perro y Cerdo

Bien. La alegría de vivir del cerdo brinda equilibrio a la vida del perro. Ambos son generosos y el cerdo aportará riquezas.

EL PERRO EN LA AMISTAD

Perro y Rata

Podrán divertirse pero no será una amistad sólida. La rata no estará a la altura del perro.

Perro y Búfalo

Estos solitarios tienen mucho para dar. Serán amantes de la buena comida, los viajes placenteros y también del juego.

Perro y Tigre
No puede existir amistad más sólida.

Perro y Conejo
Se necesitan por sus diferencias. Podrán tener una amistad ligera y superficial pero duradera.

Perro y Dragón
Se buscarán toda la vida y podrán confiar mutuamente en los buenos tratos que se prodigan.

Perro y Serpiente
El cinismo de ambos hará que pasen largas horas juntos, hablando mal de los demás.

Perro y Caballo
Amistad fuerte y llena de matices para ambos. La fantasía estará ausente, no la necesitan.

Perro y Cabra
Imposible. Irritación y competencia permanente.

Perro y Mono
Se conocerán las flaquezas. Se amarán, se adorarán, pero será una llama demasiado ardiente.

Perro y Gallo
Nada para hacer ni deshacer.

Perro y Perro
Dos buenos amigos, aunque no dará para una relación de otro mundo.

Perro y Cerdo
Sí, se quieren profundamente, y estarán dedicados el uno al otro. El cerdo distraerá al perro de sus inquietudes.

EL PERRO EN LOS NEGOCIOS

Perro y Rata
Pueden intentarlo. La rata sacará partido de la buena racha del perro y de su sentido práctico.

Perro y Búfalo
No tienen ideas en común, y tampoco cuentan con la iniciativa necesaria.

Perro y Tigre
Mejor que no se embalen por la afinidad que tienen entre ellos. No les conviene intentarlo.

Perro y Conejo
Se complementarán y la creatividad del conejo será concretada por el perro, que es un jefe ideal para la empresa.

Perro y Dragón
Traicionarán su esencia si tratan de ganar dinero juntos.

Perro y Serpiente
Sentirán deseos desmedidos de sacarse provecho. La serpiente es afecta a tender trampas, y el perro no olvida.

Perro y Caballo
Buena idea. Hagan muchos negocios, pero no formen una sociedad demasiado seria.

Perro y Cabra
Cuando tengan el negocio comprado, busquen a quien vendérselo. Es mejor tomar precauciones a tiempo.

Perro y Mono
No es mala idea, siempre que el mono se dé cuenta de que ganará mucho con esta unión.

Perro y Gallo
Este acercamiento comercial no es productivo en ningún aspecto; prueben si quieren, pero solo para sacarse las ganas.

Perro y Perro
Son demasiado desinteresados. Eso los llevará a la ruina. Pero... ¿acaso les importa?

Perro y Cerdo
Sí, aunque el cerdo salga perdiendo.

RELACIÓN PADRES E HIJOS

Padre Rata, hijo Perro
Incomprensión total. Aunque nada comparten, el perro cumple con su deber como siempre.

Padre Búfalo, hijo Perro
Difícil. Distintas sensibilidades. Hay peleas, pues al búfalo no le gusta ser cuestionado.

Padre Tigre, hijo Perro
¡Ideal! ¡Idílico! Entendimiento perfecto, aun en la miseria, y hasta en la muerte si fuera necesario.

Padre Conejo, hijo Perro
El conejo entiende y protege al perro. Vivirán momentos felices.

Padre Dragón, hijo Perro
Duro vínculo. El perro no siente por el dragón la admiración que este cree merecer.

Padre Serpiente, hijo Perro
Son absolutamente inútiles el uno para el otro.

Padre Caballo, hijo Perro
El perro no comprende el egoísmo... pero tampoco necesita del caballo.

Padre Cabra, hijo Perro
Rápidamente el perro toma distancia, aunque su sentido del deber no le permite abandonar a la cabra.

Padre Mono, hijo Perro
Difícil. El mono considera que el perro se toma la vida demasiado en serio y se vuelve insoportable burlándose de él.

Padre Gallo, hijo Perro
El gallo no comprende absolutamente nada. Un diálogo de sordos.

Padre Perro, hijo Perro
Entendimiento bueno. Peligroso para el resto de la familia, ya que pueden caer en excesos.

Padre Cerdo, hijo Perro
Buen entendimiento. El cerdo se hace eco de las causas del perro aunque le acarrean preocupaciones.

CÓMO LE VA AL PERRO
EN LOS DIFERENTES AÑOS

Año de la Rata
Estará estimulado y radiante. Un año bueno, con inversiones ventajosas, y el dinero llegará. No se haga el samaritano.

Año del Búfalo
Olfatea las ofensas aunque no existan. Muestra sus colmillos porque sí. Será el momento en que tendrá que darse cuenta de que todo es relativo. Progresará lentamente.

Año del Tigre

Las responsabilidades familiares le pesan. El perro tendrá que discutir y hasta pelearse con sus socios. En lo afectivo, vivirá en el sube y baja: estará paranoico y preocupado.

Año del Conejo

El conejo ama al perro y le asegura un año benéfico. Podrá realizar sus proyectos, y sus deseos más caros serán ejecutados, estará en condiciones de afirmarse y de ser su propio dueño. Habrá logros materiales.

Año del Dragón

Mucho estrés en el trabajo. El perro no podrá ir adelante solo; frente a las dificultades, mejor asociarse con alguien confiable.

Año de la Serpiente

El perro trabaja como un condenado y eso será redituable; recogerá los frutos de su labor. Su entorno lo ayuda: reconocen sus méritos y lo aconsejan ventajosamente.

Año del Caballo

La suerte y el éxito lo acompañarán. El perro es felicitado, adulado y reconocido. Saldrá de la cucha para viajar. En el amor habrá rupturas y flechazos.

Año de la Cabra

No tendrá que ponerse rabioso con el pretexto de que los conflictos lo angustian; deberá callarse. Sobre todo, evite las peleas y las discusiones con los demás.

Año del Mono

El perro tirará la chancleta y gastará dinero, viajará y hará vida social. Tal vez se mude, agrandando la cucha. Estará con ganas de cambiar el *look*.

Año del Gallo

Será un año movido. El perro estará cansado, su salud le preocupa, nadie le lleva el apunte. Se siente solo e incomprendido. No le devolverán las deudas tan fácilmente.

Año del Perro

¡Al fin un año para pasarlo bien! Encontró su cucha, podrá descansar, filosofar y pensar sobre el futuro. Reconocen sus buenas virtudes, su carrera evoluciona y estará protegido.

Año del Cerdo

El perro se sentirá mundano. Encontrará nuevos amigos que lo ayudarán en el futuro. Habrá imprevistas entradas de dinero. Estará tranquilo, optimista y con ganas de enamorarse.

Perro de fuego

Liza Minnelli

Perro de agua

José Saramago

cerdo

Cerdo

DEL CHIQUERO AL OLIMPO

....

Ficha técnica
Nombre chino del cerdo: ZHU
Número de orden: DUODÉCIMO
Horas regidas por el cerdo: 21.00 a 23.00
Dirección de su signo: NOR-NORDESTE
Estación y mes principal: OTOÑO-NOVIEMBRE
Corresponde al signo occidental: ESCORPIO
Energía fija: AGUA
Tronco: POSITIVO

Eres cerdo si naciste
16/02/1923 - 04/02/1924
CERDO DE AGUA

04/02/1935 - 23/01/1936
CERDO DE MADERA

22/01/1947 - 09/02/1948
CERDO DE FUEGO

08/02/1959 - 27/01/1960
CERDO DE TIERRA

27/01/1971 - 14/02/1972
CERDO DE METAL

13/02/1983 - 01/02/1984
CERDO DE AGUA

31/01/1995 - 18/02/1996
CERDO DE MADERA

18/02/2007 - 06/02/2008
CERDO DE FUEGO

05/02/2019 - 24/01/2020
CERDO DE TIERRA

LA TRAVESÍA

Yo salí caminante, solitario al desierto de mi tierra.
Me salí del apartamento con aire acondicionado.
Me asomé y sumergí en el desierto verdadero
de mi tierra y allí... te encontré.
Desde entonces pegados, ateridos, sofocados,
paralizados, hipnotizados, hibernados,
insolados, olvidados, lastimados,
estamos abrazados juntos...
Acepta este humilde ramo de ternura,
de algarrobo, de chañar y de jarilla,
de espinillo, cachiyuyo y pasto puna:
aquí no crecen otras flores.

Yo te ofrezco las que tengo, por si alguna
reconoces de la cuna de América.
Todo es seco aquí arriba
pero abajo
las ricas napas de agua corren profundas.

EDUARDO SQUIRRU

LA PERSONALIDAD DEL CERDO

En este momento estoy en Parque Leloir, mis pagos natales, pasando el invierno en una finca que alquilé para escribir este libro. Pocas cosas en la vida me producen una felicidad igual; me siento absolutamente integrada a este lugar, a sus caminos de tierra misteriosos que se desdibujan en medio del humo de las fogatas que iluminan mis paseos en bici o a pie, impregnados de ese perfume que es solo de acá: los aromos, eucaliptos, pinos, limoneros en flor y el olor de la madera que se quema en la chimenea o haciendo un asadito.

Todo esto que les cuento carecería de sentido si no tuviera un cerdo al lado para compartirlo. No hay nada ni nadie mejor en todo el mundo que un buen cerdo para compartir los placeres de la vida cotidiana; tienen la capacidad de disfrutar, gozar y convertir las pequeñas cosas en grandes, y nos crean una dependencia sutil con ellos, imposible de reemplazar. Al cerdo se lo va queriendo de a poco, pues su bondad, generosidad, entrega e ingenuidad son tan seductoras, que resulta dificilísimo no sucumbir ante ellas.

El cerdo siempre nos sorprende; a veces parece un ser tosco, limitado y convencional, pero en todo cerdo se esconde un tesoro que hay que saber descubrir. Este tímido e introvertido exponente será el mejor o peor amigo de uno, según cómo se lo sepa abordar. Y allí está el punto G del cerdo. Puede ser la persona más tierna, confiable, graciosa y sociable o el más desagradable de los mortales. Todo depende de la suerte de uno para que él derribe sus barreras y nos deje ingresar en su exclusivo chiquero.

Tiene el sí flojo; se ocupa de los problemas ajenos más que de los suyos. Siempre está dispuesto a sacrificarse, a encontrar soluciones, a participar y colaborar en lo que le pidan. Se involucra de tal manera que los convierte en propios. Instintivamente protector, para algunos es un jabalí salvaje, muy peligroso cuando lo provocan o tratan de herir a sus seres queridos. Incapaz de disimular, no soporta que pongan en duda su honestidad. No acusa a nadie por sus propios fracasos y cuando el exterior le es hostil no le da mucha importancia. Detesta las peleas, las relaciones tensas y las discusiones. Pero si tiran demasiado de la cuerda, usa la fuerza y puede convertirse en un temible adversario.

Es sociable sin ser mundano, y puede ser muy divertido, pero únicamente con sus íntimos, aunque si está un poquito entonado es capaz de revelarse como el cómico de la noche y dejar a todo el mundo hechizado con su humor negro o directo.

Solitario, toma sus decisiones sin pedir la opinión de los demás y avanza solo como un grande. Su sensualidad es enorme y puede llevarlo a la lujuria. Los chinos ven en el cerdo un buen augurio de prosperidad familiar.

EL **CERDO** Y EL TRABAJO

La capacidad del cerdo para el trabajo es inagotable, porque él siente que lo que hace no es un esfuerzo, sino algo inherente a la vida: es como respirar, comer, hacer el amor, jugar al truco y otras actividades vitales. Para él, el trabajo es un estilo de vida; no se le puede exigir que cumpla horarios, formalidades y sacrificios, pues es un transgresor de lo convencional.

El cerdo huye de la competencia y de los golpes bajos. Le gusta profundizar e investigar en lo que elige y es capaz de recluirse sin goce de sueldo para llegar a alcanzar sus aspiraciones. Cuando tiene una vocación la convertirá en un arte. Su éxito profesional es muy importante para su equilibrio personal.

EL **CERDO** Y EL DINERO

Justamente por su manera de encarar el trabajo, sin esfuerzo aparente, también tiene la virtud de generar fondos de maneras insospechadas. Necesita el dinero como medio, no como fin. Le encanta gratificar a sus seres queridos con suculentas comidas, invitarlos a un viaje improvisado y saber que es independiente económicamente. Tiene el karma de atraer a los parásitos y a los colados, que viven a sus expensas. Puede ser rico si se lo propone; aunque la pura verdad es que no le interesa el dinero.

En China el cerdo simboliza la riqueza y la holgura material.

EL **CERDO** Y SUS AMORES

Les aseguro que para el cerdo el amor es un estilo de vida. Los cerdos no se fascinan, no se desilusionan, pero siempre te quieren. No se enamoran como los otros animales ni idealizan a su pareja; al contrario, la critican de entrada y la someten a pruebas que tal vez espanten más que seduzcan. En realidad el cerdo se muestra tal como es, su autenticidad está a la vista. Para algunos le faltará magia o le sobrará realismo. El cerdo es para todos los días; le encanta vivir con alguien y compartir lo cotidiano, con sus ventajas y sus desventajas.

Enfrenta los problemas y no se ahoga en un vaso de agua. Se revuelca en el chiquero sin asco, y no tiene límites para recibir y dar amor. Es posesivo y celoso; demostrativo, afectivo, le gusta establecer vínculos duraderos, y cuando ama se le nota. Para seducirlo, como a todo ser que está vivo, hay que mostrarle lo que él no tiene: refinamiento, suavidad, tacto. Admira estas virtudes, además del compañerismo, la inteligencia y la originalidad. Romántico, es atento y delicado con su pareja, pero esta deberá comprender su necesidad de soledad y respetarlo.

EL **CERDO** Y LA FAMILIA

Su familia es muy importante para él, y le ofrece una vida confortable. Cree en el matrimonio y se ocupa de la educación de sus hijos. Estricto, le gusta formarlos a su imagen y semejanza. Es muy cariñoso y celoso de sus seres queridos; los defenderá y protegerá con las pezuñas.

EL **CERDO** Y SU ENERGÍA

CERDO DE MADERA (1875-1935-1995)

Sabe convencer a los demás para que lo ayuden financieramente y tiene mucho éxito en las empresas cuyos fines son ambiciosos. Le gusta tener éxito, pero a veces se descontrola de tal manera que le viene el *boomerang* y pierde todo. Le gusta la vida social, es ambicioso, y un sexópata divino.

Personajes famosos

Mercedes Sosa, José Mujica, Pinki, Dalai Lama, Maurice Ravel, Julie Andrews, Alain Delon, Bibi Anderson, Jerry Lee Lewis, Woody Allen, Luciano Pavarotti, Isabel Sarli.

CERDO DE FUEGO (1887-1947-2007)

Tiene mucho coraje frente a las dificultades y se entusiasma con los proyectos grandiosos. Ama la aventura y cree por supuesto en el amor al prójimo. Generoso y desprendido, es capaz de llevar a vivir con él al primer *homeless* que se le cruce por el camino. Puede ser un cerdo que llegue a la cúspide o, según las circunstancias, si usted cede a su sensualidad desenfrenada y legendaria, llegará a revolcarse en el fango, el desorden y la lujuria.

Personajes famosos

Oscar W. Tabarez, Ron Wood, Mick Taylor, Keith Moon, Julio María Sanguinetti, José Carreras, Steve Howe, Le Corbusier, Giorgio Armani, Richard Dreyfuss, Glenn Close, Carlos Santana, Steven Spielberg, Brian May, Iggy Pop.

CERDO DE TIERRA (1899-1959-2019)

Tiene los pies en la tierra. Estable y paciente, apacible y tranquilo, para este cerdo el trabajo es esencial, sus objetivos son ambiciosos, y sabe calcular los riesgos. Para triunfar no duda en tomar responsabilidades. Voluntarioso y paciente, soporta las dificultades, y los riesgos de la existencia no le dan miedo. Sus ambiciones realistas le permiten lograr sus objetivos materiales. Es un amigo leal, fiel; para sentirse bien necesita un hogar donde reinen la armonía y la ternura.

Personajes famosos

Blanca Rodríguez, Victoria Abril, Fernando Alvez, Indra Devi, Humphrey Bogart, Alfred Hitchcock, Jorge Luis Borges, Ernest Hemingway, Fred Astaire, Michael Hutchence, Gustavo Cerati.

CERDO DE METAL (1851-1911-1971)

Cuando lo molestan, da patadas. Más agresivo que los demás, le gusta dominar; es trabajador, robusto y perfeccionista. Honesto, confiado, pero arbitrario en sus juicios: si quiere a las personas tiene tendencia a valorizarlas, a creer que son superdotadas; en cambio, si no le gustan, las considera débiles e incapaces. Sabe triunfar y ganar medallas cuando lo decide.

Personajes famosos

Ernesto Sabato, Máxima Zorreguieta, Ronald Reagan, Robert Taylor, Vincent Price, Ginger Rogers, Mario Moreno «Cantinflas», Ricky Martin, Diego Torres, Juan Manuel Fangio.

CERDO DE AGUA (1863-1923-1983)

Un cerdo espiritual y desinteresado. Diplomático, perspicaz e intuitivo en los negocios. Sabe lo que la gente necesita y consigue que le hagan confidencias. Se entrega incondicionalmente cuando quiere o cree en alguien; es víctima de su ingenuidad y muchas veces lo estafan. Poco mundano, se adapta al juego social, pero nunca especula con sus contactos. Es muy sensual y lujurioso: un amante excepcional.

Personajes famosos

María Callas, Carlos Páez Vilaró, Richard Avedon, príncipe Rainiero de Mónaco, Henry Kissinger, Eduardo Falú.

EL CERDO Y SU ASCENDENTE
O COMPAÑERO DE CAMINO

Cerdo ascendente Rata: 23.00 a 01.00

No deja que los aprovechadores abusen de él y es capaz de defenderse. Va derecho a lo que quiere, tiende a ser excesivo en sus reacciones o juicios. Hábil en sus relaciones sociales, le apasiona el éxito material.

Cerdo ascendente Búfalo: 01.00 a 03.00

Sabe dominar sus aspectos físicos, es fuerte y se toma tiempo para reflexionar. Testarudo y perseverante, acaba lo que empieza. Es sólido, confiable, protector; nadie lo embauca tratando de seducirlo con el lujo. Sabe exactamente lo que quiere.

Cerdo ascendente Tigre: 03.00 a 05.00
Lo inundan sus emociones; idealista y entusiasta, detesta que le pisen las patas. Sabe organizarse maravillosamente y arrastra a los demás; apasionado, sentimental y muy arriesgado.

Cerdo ascendente Conejo: 05.00 a 07.00
No tiene intenciones de matarse trabajando y usa astucias y ardides para obtener éxitos materiales. Seduce a la gente que lo rodea y vive entre sedas y lujos. Su corazón se amolda a las necesidades de la supervivencia.

Cerdo ascendente Dragón: 07.00 a 09.00
Seductor, fuerte y vulnerable, cuando ama no se separa de su pareja ni un instante. Idealista, soñador y quimérico, seguirá los impulsos de su corazón más que los de su cabeza.

Cerdo ascendente Serpiente: 09.00 a 11.00
El fin justifica los medios. Le encanta acumular y darse todos los lujos. Le gusta el placer, es apasionado, obstinado, y no soporta los fracasos. Un cerdo supersticioso, esotérico y vulnerable a la influencia de los demás.

Cerdo ascendente Caballo: 11.00 a 13.00
Un ejemplar algo egoísta. Sabe defenderse, es temerario, orgulloso, sensual, ardiente; va de conquista en conquista para calmar sus deseos. Necesita destacarse socialmente y ganar honores, palmas y decoraciones.

Cerdo ascendente Cabra: 13.00 a 15.00
Romántico, sentimental, crédulo y muy gentil, sabe escuchar y comprender a los demás; da su tiempo, su corazón y su trabajo. Aunque su entorno no sea lo más positivo y estimulante, en los momentos difíciles siempre encuentra mecenas que lo protegen.

Cerdo ascendente Mono: 15.00 a 17.00

Sabe desenvolverse muy bien solo y nadie puede abusar de su gentileza. Muy lúcido, inteligente y tierno, no tiene la menor intención de dejarse explotar. Le gusta triunfar. Ama el poder y detesta a los aprovechadores.

Cerdo ascendente Gallo: 17.00 a 19.00

Un cerdo exótico. Le gusta el estilo Don Quijote. Sus métodos poco ortodoxos pueden llevarlo a comprometerse en proyectos un tanto utópicos. Es incansable y responsable, lástima que se tenga poca fe.

Cerdo ascendente Perro: 19.00 a 21.00

Detesta las mentiras y los medios ilegales. Con su confianza y con su palabra no se juega. Es un seductor que se hace querer. Triunfará social y materialmente y estará rodeado de amigos. Sus excesos deteriorarán su imagen.

Cerdo ascendente Cerdo: 21.00 a 23.00

Un poco salvaje, difícil de conocer, secreto e intuitivo; se fía de su instinto, que lo lleva a un laberinto de pasiones. Es un diamante en bruto al que hay que saber pulir.

CONJUGACIÓN DEL CERDO
CON EL HORÓSCOPO OCCIDENTAL

Cerdo Aries

Este espécimen porcino es entusiasta, arrebatado, generoso y crédulo. Actúa impulsivamente y emprende aventuras extravagantes que bordean el desastre. Honesto, lucha por los demás. Cuando lo desilusionan no lo puede creer, y no comprende cómo han destrozado sus sueños, abusando de su ingenuidad. Cuando lo provocan puede ser agresivo. Es muy *sexy*, encantador, apasionado y tiene un optimismo contagioso.

Cerdo Tauro

Ama la vida, la devora y no se priva de sus placeres. Este epicúreo cerdito nos da de comer y de beber como nadie. Su vida pasa por el sexo y se entrega a las pasiones más inverosímiles. Sostiene y defiende sus ideas a capa y espada. Con el trabajo es flexible: se compromete con lo que siente y huye de lo que le aburre. Tiene un corazón de oro.

Cerdo Géminis

Será difícil que a este cerdo inteligente, práctico y eficaz le vendan un buzón. No pierde el tiempo. Para colmar su curiosidad natural, le gusta moverse, conocer gente nueva y aprender. Muy humano, sociable y optimista, cuenta con la Providencia para que le abra las puertas del éxito.

Cerdo Cáncer

Para no sucumbir al amor-pasión, se hace el duro, el difícil de conseguir; tiene miedo de no poder controlar su vida afectiva. Impresionable y vulnerable, necesita un rincón para poder dormir al calor de su amada familia. Se hará el James Dean con tal de que no lo ataquen ni lo descubran.

Cerdo Leo

Adora que lo amen. Es el rey de los cerdos. Epidérmico, sensual y lujurioso, le gusta la buena vida, rodearse de amigos y disfrutar de una exquisita comida. Es inteligente y aprecia a la gente con inquietudes. Buscará triunfar en su carrera y acrecentar su círculo social. Un amigo para toda la vida.

Cerdo Virgo

El más perfeccionista, meticuloso, obsesivo por los detalles y serio de todos los cerdos. Responsable, fiel a sus convicciones, no brilla por su aspecto risueño. Es extremista en su moral, un mojigato o un depravado sexual. A veces tiene una carta escondida en la manga y desconcierta a todos.

Cerdo Libra

Un cerdo delicioso, sensible y altruista, artista y tolerante. Tiene un corazón noble y es el mejor interlocutor de los problemas ajenos. Detesta los conflictos, las guerras, los excesos; no sueña más que con paz, ternura y honor. Le cuesta hacer elecciones y comprometerse. No soporta la injusticia, defenderá como una fiera, con frenesí, a los débiles y a los seres queridos.

Cerdo Escorpio

Un pura sangre. Fascinante, lúcido, posee olfato y es muy reclamado socialmente. Ama el poder y mandar a los demás. Ambicioso y oportunista, para él el fin justifica los medios. Su legendaria sensualidad y sus excesos son conocidos por todos. Frecuenta lugares que no me animo a citar. Después de una orgía, se siente algo culpable.

Cerdo Sagitario

Tiene confianza en la vida. Se compromete espontáneamente porque es idealista, honorable y muy humano. Su entusiasmo contagia y avasalla. Optimista, nos arrastra, nos abre la puerta para compartir sus aventuras al más allá. Aun cuando lo engañen puede llegar a reírse. Tanta nobleza atrae la protección de los dioses. Posee los medios para ser feliz gracias a su humor, su amor por la vida y su grandeza.

Cerdo Capricornio

Este cerdo es ambicioso, prudente y trabajador; sabe que con perseverancia es posible eliminar los obstáculos para alcanzar las metas. Testarudo, no cambia fácilmente de opinión y se toma su tiempo. Con él debe reinar la disciplina y no le gusta que le hagan cambiar los planes sobre la marcha. Allí estará cuando se lo necesite.

Cerdo Acuario

Se puede contar con él para cooperar, fraternizar y ensanchar nuestros horizontes. Idealista pero práctico, sabe dominar su desbordante sensualidad. Es original, tiene una visión futurista y sabe encontrar soluciones inéditas. Se lo ama por su misterio y su desbordante sensualidad.

Cerdo Piscis

Este soñador tiene los pies sobre la tierra. Su intuición le permite evaluar las situaciones con lucidez y humanidad. Es muy mimado y dependiente de la gente que lo rodea. Cálido, demostrativo, pacifista, detesta las discusiones y los conflictos. Tiene devoción por los que ama, aunque a veces cometa excesos por sus torpezas.

EL CERDO EN EL AMOR

Cerdo y Rata

Al principio oirán campanitas, tendrán apetitos similares y una relación simbiótica. Pero si la rata no respeta la intimidad del cerdo y lo invade, todo se puede precipitar como un alud.

Cerdo y Búfalo

El búfalo es austero, metódico y conservador, y al cerdo le gustan las licencias. A la larga se sentirán insatisfechos.

Cerdo y Tigre

Siempre que el tigre no abuse de la generosidad del cerdo, puede ser una unión durable.

Cerdo y Conejo

Se entenderán profundamente y apreciarán el uno las virtudes del otro. Completa armonía.

Cerdo y Dragón

El cerdo en realidad lo admira; pero necesitará otros estímulos porque si no hará abandono del hogar. Unión polémica.

Cerdo y Serpiente
Se atraen y repelen continuamente. El cerdo es víctima de la asfixia de la serpiente.

Cerdo y Caballo
El caballo dejará al cerdo listo para el matadero luego de saciar sus instintos.

Cerdo y Cabra
Afinidad total. Al cerdo le divierten los caprichos de la cabra y se los fomenta, y ella se fascina con la solidez del cerdo.

Cerdo y Mono
Son dos intelectuales sibaritas y tienen mucha vida interior. Se respetarán y comprenderán en silencio.

Cerdo y Gallo
Son muy distintos. No congenian.

Cerdo y Perro
Serán compañeros, amantes, y crecerán interiormente el uno con las experiencias del otro. Unión para toda la vida.

Cerdo y Cerdo
Tendrán una docena de hijos. Buena unión. Concesiones recíprocas en la parte moral.

EL CERDO EN LA AMISTAD

Cerdo y Rata
Los desastres que haga uno no podrán ser salvados por el otro. Muy viciosos, estos dos golosos juntos ¡serán temibles!

Cerdo y Búfalo
Relación muy productiva si dosifican los encuentros.

Cerdo y Tigre
Siempre que el cerdo se proteja de las garras del tigre, pueden llegar a quererse toda la vida.

Cerdo y Conejo
Les conviene relacionarse entre cuatro paredes. Nadie puede interferir en esta unión.

Cerdo y Dragón
Gran confianza mutua, armonía y cordialidad.

Cerdo y Serpiente
Sus diferencias son el vínculo. Deberán trabajar sus respectivas personalidades.

Cerdo y Caballo
¡Se divertirán hasta el hartazgo! ¡Hasta el hartazgo!

Cerdo y Cabra
Viajarán y compartirán una amistad de hierro. Se adoran.

Cerdo y Mono
Se respetan, admiran y divierten juntos. Unión para toda la vida.

Cerdo y Gallo
Sin razón aparente, el pobre cerdo puede resultar muy picoteado.

Cerdo y Perro
Harán una amistad sólida como una roca. Se quieren y comprenden.

Cerdo y Cerdo
Son dos inseparables amigos que viajarán juntos y se confesarán sus amores y desamores.

EL CERDO EN LOS NEGOCIOS

Cerdo y Rata
El cerdo intentará ayudar a la rata dándole su confianza y esfuerzo, pero la rata arruinará todo con su agresividad.

Cerdo y Búfalo
Entre ellos es muy posible una buena sociedad comercial si no surgen problemas de autoridad... ¡pero atención, seguramente surgirán!

Cerdo y Tigre
El tigre dejará todo librado al destino y al pobre cerdo que terminará sintiéndose solo.

Cerdo y Conejo
Pueden hacer fortuna porque se da en ellos un complemento de fuerza y habilidad.

Cerdo y Dragón
Éxito total. ¡Se harán inmensamente ricos!

Cerdo y Serpiente
Uno es práctico y el otro teórico: les costará concretar el proyecto.

Cerdo y Caballo
Pueden intentarlo, pero con muchas reservas. Mejor que haya un tercero que administre el dinero para que les rinda realmente.

Cerdo y Cabra
Es una excelente opción. Estos ejemplares se prestarán ayuda trabajando a la par, y sin darse cuenta harán florecer un imperio.

Cerdo y Mono
Los dos son materialistas y no les gusta perder el tiempo. ¡A trabajar entonces!

Cerdo y Gallo
No hay confianza ni ganas de encontrarla. Mejor, cada uno por su lado.

Cerdo y Perro
Sí, pasarán vicisitudes, las asimilarán y aprenderán a ganar dinero.

Cerdo y Cerdo
¡Pueden hacer una fortuna! Seguramente valdrá la pena el intento, pues la suerte está con ustedes y ambos sabrán aprovecharla.

RELACIÓN PADRES E HIJOS

Padre Rata, hijo Cerdo
Pueden ser cómplices. La agresividad de la rata no encuentra eco.

Padre Búfalo, hijo Cerdo
Aunque conciliador, el cerdo apenas soporta la autoridad sin razones. Se rebela.

Padre Tigre, hijo Cerdo
Si bien el tigre es muy tozudo, su generosidad le acarrea el perdón del cerdo.

Padre Conejo, hijo Cerdo
Relaciones tibias. Como es un sentimental, el cerdo sufre ante la indiferencia del conejo.

Padre Dragón, hijo Cerdo
Sí. El dragón le es útil al cerdo y lo ayuda a triunfar.

Padre Serpiente, hijo Cerdo
El cerdo debe tomar la precaución de no dejarse rodear e inmovilizar.

Padre Caballo, hijo Cerdo
Difícil. El cerdo sufre por el egoísmo del caballo, y también por su incomprensión e indiferencia.

Padre Cabra, hijo Cerdo
Si Dios lo quiso así... en última instancia es el cerdo quien ayuda a la cabra, porque le tiene afecto.

Padre Mono, hijo Cerdo
Muy bien. Al mono le gusta el cerdo y se ocupa de volverlo más desconfiado.

Padre Gallo, hijo Cerdo
El cerdo es paciente, aunque tiene carácter. ¡Que el gallo no crea que puede llevarlo de las narices!

Padre Perro, hijo Cerdo
Funciona, aunque el lado divertido del cerdo irrite al perro.

Padre Cerdo, hijo Cerdo
Afinidad total. Se divierten, son amigos y les gusta salir a pasear juntos.

CÓMO LE VA AL CERDO
EN LOS DIFERENTES AÑOS

Año de la Rata
El cerdo está muy inquieto, dramatiza todo, lo que no le

permite arreglar lúcidamente sus problemas. Vive en la incertidumbre y no está cómodo. Nada le sale como él quiere, su trabajo lo desconcierta y lo inquieta su vida familiar.

Año del Búfalo

Este año gruñe de satisfacción. Podrá llenar su alcancía. Y aunque su vida afectiva no le dé reposo, el año estará lleno de sorpresas felices.

Año del Tigre

El cerdo se hace mala sangre por una antigua deuda, a lo mejor se olvidó de pagar sus impuestos o no puede recuperar un dinero que le deben. No encuentra a nadie que lo ayude a resolver sus problemas... Que no trate este año de asociarse con cualquiera. Que no se fíe más que de él mismo.

Año del Conejo

El cerdo sale más, está más mundano. El año será tranquilo, puede reanudar sus negocios y ponerse al día. No hay grandes problemas en el aire, los encuentros y las invitaciones le aportarán nuevas relaciones felices para el futuro.

Año del Dragón

El dragón lo protegerá. Estará acompañado, llamará la atención, encontrará ayudas notables, se reconocerán sus capacidades y sus méritos. Vivirá una metamorfosis.

Año de la Serpiente

Puede tener una crisis afectiva. El cerdo está desconcertado, se encuentra tironeado entre miles de pedidos. Estará convulsionado por viajes, mudanzas y presiones familiares. Tómelo con soda.

Año del Caballo

Sus esfuerzos anteriores serán recompensados. No haga negocios sin conocer suficientemente a sus socios y, sobre todo, sea cauto cuando hable de su éxito en el año, porque los aprovechadores vendrán a golpearle la puerta.

Año de la Cabra

El cerdo va a encontrar nuevos métodos para especializarse en sus actividades. Su visión futurista lo ayudará para ascender, y esto sucederá firme y paulatinamente. Deberá poner su energía para consolidar su posición y ubicarse en su lugar. Romances y flechazos lo sorprenderán a la vuelta de la esquina.

Año del Mono

Este año, el cerdo se descontrolará y hará gastos excesivos. Buscará nuevas compañías y delegará responsabilidades. Su vida afectiva y familiar estará comprometida, pero no se inquiete, todo se arreglará.

Año del Gallo

Este año los negocios serán difíciles y se encontrará en problemas; se sentirá bloqueado y limitado. Algunos proyectos no se harán, tómese el tiempo para reflexionar. Únicamente el esfuerzo y la paciencia lo ayudarán a encontrar soluciones.

Año del Perro

Este año deberá pagar por sus errores anteriores. Tiene que aprender a reflexionar para no cometer nuevas torpezas; sea menos conversador y guarde sus secretos celosamente.

Año del Cerdo

¡Al fin todo va mejor y entra en orden! El cerdo está agotado, tendrá que descansar. La amistad y la ternura de los suyos lo apaciguarán y se relajará en el chiquero. Se presentan nuevas oportunidades.

Cerdo de metal

Ernesto Sábato

Cerdo de madera

Mercedes Sosa

Los países hispanohablantes en el Horóscopo chino

En el caso de América, la fecha de la declaración de la independencia de cada nación puede ser considerada, sin lugar a dudas, como su nacimiento. Para España se ha tomado la fecha del inicio de la integración de los reinos de Castilla y Aragón desde la visión astrológica. Los signos del horóscopo chino correspondientes a los países de habla hispana (incluyo a los Estados Unidos, ya que una parte importante de su población habla español) son:

ARGENTINA: Rata de Fuego (9 de julio de 1816)
BOLIVIA: Gallo de Madera (6 de agosto de 1825)
COLOMBIA: Caballo de Metal (20 de julio de 1810)
COSTA RICA: Serpiente de Metal (15 de septiembre de 1821)
CHILE: Tigre de Tierra (18 de septiembre de 1818)
ECUADOR: Caballo de Agua (10 de agosto de 1822)
EL SALVADOR: Serpiente de Metal (15 de septiembre de 1821)
ESPAÑA: Caballo de Madera (11 de diciembre de 1474)
ESTADOS UNIDOS: Mono de Fuego (4 de julio de 1776)
GUATEMALA: Serpiente de Metal (15 de septiembre de 1821)
HAITÍ: Cerdo de Agua (1 de enero de 1804)
HONDURAS: Serpiente de Metal (15 de septiembre de 1821)
MÉXICO: Caballo de Metal (16 de septiembre de 1810)
NICARAGUA: Serpiente de Metal (15 de septiembre de 1821)
PANAMÁ: Conejo de Agua (3 de noviembre de 1903)
PARAGUAY: Cabra de Metal (14-15 de mayo de 1811)
PERÚ: Serpiente de Metal (28 de julio de 1821)
REPÚBLICA DOMINICANA: Dragón de Madera (27 de febrero de 1844)
URUGUAY: Gallo de Madera (25 de agosto de 1825)
VENEZUELA: Serpiente de Metal (5 de julio de 1821)

Bibliografía

Horóscopo Chino 2015, Ludovica Squirru, Ediciones Urano, 2014.

Doyo – El libro del Amor, Ludovica Squirru, Ediciones Urano, 2015.

豬

ECOSISTEMA DIGITAL